FrauenFürbitten
Ich schütte mein Herz aus vor dir

FrauenFürbitten

Ich schütte mein Herz aus vor dir

Herausgegeben von
Claudia Seeger

KlensVerlag · Düsseldorf

KlensVerlag GmbH
Carl-Mosterts-Platz 1
40477 Düsseldorf

Die Deutsche Bibliothek – CIP Einheitsaufnahme
Frauenfürbitten : ich schütte mein Herz aus vor dir / hrsg. von Claudia Seeger. –
Düsseldorf : Klens, 2001
    ISBN 3-87309-194-1

Lektorat und Redaktion: Anneliese Knippenkötter, Düsseldorf
Grafische Gestaltung: Ilona Ranze-Kaluza, Düsseldorf
Satz und Druck: Bonifatius Druckerei, Paderborn

ISBN   3-87309-194-1

Inhaltsverzeichnis

Anja Künzel
Frauen in der Geschichte Israels 83

Begegnung mit Evas Schwestern im Alten Testament

Jesus und die Frauen im Neuen Testament

Vorwort

„Ich habe mein Herz ausgeschüttet vor Gott ... " (1 Sam 1,15b).

Sobald wir die Zeitung aufschlagen oder die Nachrichten einschalten, werden wir mit Katastrophen und himmelschreiendem Unrecht konfrontiert. Kriege, Unterdrückung, Gewalt und Betrug scheinen das Zusammenleben von Menschen maßgeblich zu bestimmen. Auch in unserem eigenen Leben sieht es manchmal nicht allzu rosig aus. Vieles gibt uns Anlass zu Trauer und Sorge. Nicht wenige Menschen können angesichts der Erfahrung von Ungerechtigkeit und Leid nicht an einen liebenden Gott glauben. Als Christinnen und Christen glauben wir an einen Gott, der sich den Menschen zuwendet, wenn sie zu ihm rufen und ihm ihr Herz ausschütten. Gott ist unser Partner, der mit uns ist und vor den wir in unseren Fürbitten unsere Anliegen bringen können.
Drei Autorinnen mit ihrem je eigenen Stil des Betens haben an diesem Buch gearbeitet. Dies hat zu einer Vielfalt von Fürbitten geführt, die für jede Gelegenheit etwas bereithält.

Bei aller Verschiedenheit haben wir jedoch dasselbe Verständnis von „Fürbitten". Ich möchte Sie ermutigen, selbst Fürbitten zu formulieren, und Ihr „Herz auszuschütten vor Gott".

Nun wünsche ich Ihnen viel Freude mit diesem Buch und bei der Feier der Gottesdienste.

Claudia Seeger

Man müsste eine Aufstellung der Dinge machen,
die man mit menschlichen Mitteln bekommen muss
und nicht von Gott erbitten darf –
und jener,
die man von Gott erbitten muss
und niemals versuchen darf,
mit menschlichen Mitteln zu erreichen.

Simone Weil

Claudia Seeger

Zur Spiritualität der Fürbitten

Fürbitten ist eine Form des Betens. Beten heißt, mit Gott ausdrücklich in Beziehung treten, sich der Gegenwart Gottes bewusst werden, sich ihm zuwenden. Fürbitten sind dementsprechend an Gott oder an Jesus Christus gerichtet. Hinter dem Fürbitt-Gebet steht die Überzeugung, dass Gott alles hört, worum Menschen ihn bltten.

Fürbitten sind demnach auch Ausdruck der Glaubensüberzeugung, dass Menschen nicht alles aus sich heraus zuwege bringen können, sondern letztendlich auf Gott verwiesen sind. Sie sind ein Ausdruck des Vertrauens darauf, dass Gott seine Schöpfung in Händen hält und niemand aus der Liebe Gottes herausfallen kann. Das ist allerdings nicht so zu verstehen, als ob die Menschen wie Marionetten an unsichtbaren Fäden hängen und von Gott direkt gelenkt würden. Die Freiheit und Verantwortung des Menschen sind unbedingt ernst zu nehmen. Deshalb darf in Fürbitten niemals Gott um etwas gebeten werden, das Menschen selber tun könnten.

Ein Beispiel: Gott, wir bitten dich, dass alle Hungernden der Welt gesättigt werden.

Diese Art der Fürbitte lässt den Verdacht aufkommen, dass sie lediglich dazu dient, das eigene Gewissen zu entlasten und sich aus der Verantwortung zu ziehen. Die gerechte Verteilung der Güter ist eine Aufgabe, die wir Menschen selbst lösen müssen. Der christliche Gott ist schließlich kein Deus ex machina, der immer dann rettend aus den Wolken eingreift, wenn Menschen sich in eine ausweglose Situation gebracht haben und nicht mehr weiterwissen. Die Verantwortung für die Schöpfung und das Leben können und dürfen Christinnen und Christen, die Gottesdienst feiern, nicht abgeben wie kleine Kinder. Insofern sind die Fürbitten gerade auch Ausdruck der menschlichen Verantwortung, indem wir Gott um seinen Beistand für die Lösung von Problemen bitten, nicht jedoch um die Lösung der Probleme selbst.

Gott darf bei der Formulierung von Fürbitten nicht verzweckt werden. Fürbitten sind keine Wunschzettel. Es ist daher problematisch, Gott um ganz bestimmte Dinge zu bitten. Die Fürbitten sind der Ort des Gottesdienstes, an dem Gott die Anliegen der Gemeinde zu Gehör gebracht werden und seine Hilfe oder sein Beistand erbeten wird. Wie diese Hilfe dann konkret aussieht, kann von den eigenen Vorstellungen stark abweichen. Gott lässt sich nicht festlegen und dirigieren, genauso wenig wie er die Menschen dirigiert. Fürbitten sollten daher ganz offen formuliert sein.

Ein Anliegen von Fürbitten kann auch sein, für Menschen zu beten, für die die Gemeinde selbst nichts (mehr) tun kann, außer eben zu beten, zum Beispiel für Verstorbene. Wenn nicht an einer anderen Stelle im Gottesdienst der Verstorbenen gedacht wird, ist es üblich, ihnen die letzte Bitte zu widmen.

Der Ort der Fürbitten im Gottesdienst

Fürbitte zu halten ist ein uraltes Element des christlichen Gottesdienstes. Bereits der Verfasser des ersten Timotheusbriefes schreibt in 1 Tim 2,1-3: „Vor allem fordere ich zu Bitten und Gebeten, zu Fürbitte und Danksagung auf, und zwar für alle Menschen, für die Herrscher und für alle, die Macht ausüben, damit wir in aller Frömmigkeit und Rechtschaffenheit ungestört und ruhig leben können. Das ist recht und gefällt Gott, unserem Retter."

Grundsätzlich können Fürbitten bei jeder Art von Gottesdienst, sei es ein Wortgottesdienst, eine Andacht oder eine Meditation, vorgetragen werden. Der liturgische Ort der Fürbitten ist die Stelle nach der Verkündigung, an die sich die Eucharistiefeier anschließt. Hier öffnet sich die Gemeinde für Anliegen, die über den Kreis der Versammelten hinausgehen. Der Blick soll gewissermaßen geweitet werden auf die Welt hin; die Gemeinde legt bei Gott Fürsprache ein für alle, die nicht zu ihr gehören. Natürlich kann auch sozusagen „in eigener Sache" gebetet werden. Die Fürbitten sollten sich jedoch nie ausschließlich auf die Situation der Versammelten beziehen, da die Gemeinde dann in die Gefahr käme, nur um sich selber zu kreisen. Fürbitten sind in erster Linie Bitten für andere, auf deren Situation Gott aufmerksam gemacht wird.

In der Messe steht eine kurze Einleitung am Anfang des Fürbittgebets, die der Priester sprach. Sie soll die Gemeinde in das Gebet für andere hineinnehmen. Das Thema und den Anlass des Gottesdienstes kann sie aufgreifen, sollte jedoch keine zweite Predigt werden. Die einzelnen Fürbitten können an Gott selbst oder an Jesus Christus gerichtet sein. Auf jedes Gebetsanliegen antwortet die Gemeinde mit einem gemeinsamen Bittruf, der auch ein Liedruf sein kann. Die Fürbitten werden mit einem zusammenfassenden Gebet, das der Priester vorgeträgt, abgeschlossen. Die Gemeinde antwortet darauf mit „Amen".

Das Vortragen der Fürbitten im Gottesdienst

Wer vor einer größeren Versammlung etwas vorträgt, sollte grundsätzlich laut und deutlich sprechen. Das ist eine Binsenweisheit, die aber nicht immer befolgt wird. Der oder die Vortragende sollte im Vorfeld auch Gelegenheit haben, sich mit dem Text vertraut zu machen, damit er oder sie ihn nicht zum ersten Mal beim Vortrag liest. So können sinnentstellende Betonungen vermieden werden.

Grundsätzlich sollte die Person, die dem Gottesdienst vorsteht, nicht auch die Fürbitten vortragen, egal ob es sich um eine Messe oder einen Wortgottesdienst handelt. Wenn die Fürbitten von verschiedenen Personen vorgetragen werden, muss man darauf achten, dass das Mikrofon jedes Mal auf deren jeweilige Größe umgestellt wird.

In Gruppengottesdiensten bietet es sich an, Fürbitten frei zu formulieren. Es muss allerdings bedacht werden, dass je nach Größe der Gruppe für diesen Teil etwas Zeit eingeplant werden muss. Genauso wie ich selbst zur Vorbereitung von Fürbitten Zeit benötige, sollte ich den Mitfeiernden genügend Zeit einräumen, um sich auf das zu besinnen, worum sie Gott bitten wollen. Auf keinen Fall dürfen die Teilnehmer und Teilnehmerinnen unter Druck geraten. Wenn es sich um einen ungeübten Kreis handelt, ist es sinnvoll, selbst einige Fürbitten vorzubereiten, falls niemand eine eigene Bitte laut äußern möchte.

Wir haben uns bemüht, die Antworten der Gemeinde auf die Fürbitten abwechslungsreich zu gestalten. Dabei handelt es sich allerdings lediglich um Vorschläge. Die einen sind des allzu gewohnten „Wir bitten dich, erhöre uns" überdrüssig, andere wiederum empfinden ein Abweichen vom Gewohnten als störend. Die Antwort sollte daher den Inhalt der Fürbitte zur Geltung bringen und nicht davon ablenken. Die Aufnahme der Gottesanrede durch die Vorbeterin wirkt für die Gemeinde wie ein Signal, auf das hin sie auf die Fürbitte antwortet. Es ist bei Antworten, die der Gemeinde nicht so geläufig sind, dennoch unerlässlich, dass sie vor dem Vortrag der Fürbitten deutlich genannt werden, damit sich die Gemeinde darauf einstellen kann. Schön ist auch ein Liedruf. Wir haben hier auf Vorschläge verzichtet, da jede Gemeinde ihr eigenes Liedgut hat.

Vor der Antwort der Gemeinde auf die einzelnen Fürbitten sollte immer eine kurze Gebetsstille stehen, damit sie das vorgetragene Gebetsanliegen innerlich aufnehmen kann.

Zum Umgang mit diesem Buch

Die Fürbitten, die Sie in diesem Buch finden, sind von Frauen für Frauen geschrieben und greifen daher verstärkt frauenspezifische Anliegen auf, die natürlich auch von Männern mitgetragen werden können. Grundsätzlich handelt es sich bei den Fürbitten um Vorschläge und Anregungen, die dem jeweiligen konkreten Gottesdienst angepasst werden müssen. Vielleicht ist es auch einmal reizvoll, einen Gottesdienst von den Fürbitten ausgehend zu gestalten.

Die letzte Fürbitte haben wir jeweils offen gelassen. Diese „Leerstelle" möchte dazu einladen, selbst eine Fürbitte zu formulieren. Diese Fürbitte kann dann ein Anliegen aufgreifen, das gerade aktuell ist oder das besonders zur jeweiligen Gruppe oder Gemeinde passt. Zum Beispiel kann man eine Bitte für die Partnergemeinde oder eine andere Gruppierung oder Organisation sprechen, mit der die Gemeinde oder Gruppe besonders verbunden ist. Bei der Vorbereitung einer Fürbitte sollte man sich einen Moment der Stille gönnen, in dem man ganz intensiv an diejenigen denkt, für die man die Fürbitte halten möchte. Was erhoffe ich mir von Gott für diese Menschen? Manchmal ist es angemessener, die Fürbitte offen zu formulieren (Wir bitten für ...), und vielleicht in einem Nachsatz die besondere Situation der Betroffenen zu benennen. Die Formulierung sollte allerdings in ihrem Stil zu den vorherigen Fürbitten passen. Sie können eine Art „Gerüst" sein, mit dem man die eigene Fürbitte „bauen" kann.

Du krönst das Jahr mit deiner Güte,
deinen Spuren folgt Überfluss.
In der Steppe prangen die Auen,
die Höhen umgürten sich mit Jubel.
Die Weiden schmücken sich mit Herden,
die Täler hüllen sich in Korn.
Sie jauchzen und singen.

Psalm 65, 12-14

Inge Broy

Festtage und Gedenktage im Kirchenjahr

Frauen-Spuren im Kirchenjahr entdecken: dazu lädt dieser erste Teil ein. Er enthält Fürbitten zu den beiden großen Festkreisen Fastenzeit/Ostern und Advent/Weihnachten, zu Marienfesten, Gedenktagen von Frauen und weiteren Festen im Laufe des Jahres.

Die Zitate und Bibelverse, die den Fürbitten vorangestellt sind, wollen Hinweise geben für – vielleicht ungewohnte – liturgische Perspektiven aus Frauensicht für Frauen. Sie sind nicht immer den Lesungen des jeweiligen Tages entnommen, sondern greifen einen Aspekt des Festes heraus. Dabei war die Suche nach dem Kern des Festes ausschlaggebend. Vielleicht können diese Zitate ein Anknüpfungspunkt für die weitere Gottesdienstgestaltung sein.

Weihnachtsfestkreis

Bitten im Advent

„Bereitet dem Herrn den Weg! Ebnet ihm die Straßen! Und alle Menschen werden das Heil sehen, das von Gott kommt." (Lk 3, 4b.6)

Gott, diese adventlichen Tage stehen besonders im Zeichen von Aufbruch und Ankunft. Du bist die Quelle unserer Kraft und unserer Ruhe. Wir bitten dich:

Für alle, die aufgebrochen sind, um sich für ein Zusammenleben aller Menschen in Gerechtigkeit einzusetzen.

– Stille –

Alle: Begleite sie auf ihrem Weg.

Für alle, die aufgebrochen sind, um sich für eine geschwisterliche Kirche zu engagieren.

Für alle, die im Glauben unsicher geworden sind und nach Quellen ihres Lebens suchen.

Für alle, in deren Leben erstarrte Strukturen, Beziehungen und Verkrustungen aufbrechen.

Für alle, die wissen, dass sie bald sterben müssen und noch aggressiv, verzweifelt und voller Angst gegen diesen Aufbruch kämpfen.

Für …

Gott, du bist unsere Stärke und unsere Kraft. Auf dich hoffen wir und vertrauen uns dir an. Durch Jesus Christus, deinen Sohn, Amen.

Gaudete-Sonntag

„Der Herr, dein Gott, ist in deiner Mitte, ein Held, der Rettung bringt. Er freut sich und jubelt über dich, er erneuert seine Liebe zu dir, er jubelt über dich und frohlockt, wie man frohlockt an einem Festtag. " (Zef 3, 17)

Gott, der Freude und des Heils: so wie du über dein Volk Israel gejubelt hast, freust du dich über alle Menschen, die dir anvertraut sind. Im Vertrauen auf deine heilende Fürsorge rufen wir dich an und bitten dich:

In den Sorgen und Nöten des täglichen Lebens in Familie und Beruf ...

– *Stille* –

Alle: ... schenke den Menschen deine heilende Freude.

In der adventlichen Zeit, die so oft durch Zeitenge, Stress und Anstrengung geprägt ist, ...

In den Bemühungen unserer Pfarrgemeinde, miteinander den Weg zum Fest der Geburt deines Sohnes zu gehen, ...

In den Krisengebieten der Erde – besonders in .... –, wo Menschen um ihr tägliches Überleben kämpfen müssen, ...

In den Ländern Israel und Palästina, die nicht zur Ruhe kommen in der Auseinandersetzung um Heimatrechte, ...

In den Situationen von Einsamkeit und Angst, wenn das Leben seinem Ende zugeht, ...

In den ...

Gott, wir glauben an dich, den Dreieinigen, der Heil und Freude verspricht, und jubeln dir zu. Amen.

Weihnachten

„Die Frau sprach: ‚Könnte ich nur sein Gewand berühren, so würde ich gesund.“ (Mt 9, 21)

Mütterlicher und väterlicher Gott, in der Geburt deines Sohnes wirst du Mensch. Du berührst uns und lässt dich von uns berühren. Voller Hoffnung tragen wir dir unsere Bitten vor:

Für alle Frauen, die in diesen Tagen ein Kind zur Welt bringen:
Sei bei ihnen, wenn sie das Geschenk dieser neuen Berührung erleben.

– Stille –

Alle: Wir bitten dich, erhöre uns.

Für unsere Kinder, die besonders in den ersten Jahren ihres Lebens ein Gegenüber brauchen, um sich selbst zu finden:
Stärke unseren Mut, sie in ihrer Entwicklung zu fördern.

Für alle Paare, die im Alltagsleben das Gefühl füreinander verloren haben:
Begleite sie in den Momenten der Zweisamkeit, wenn sie versuchen, sich neu anzusehen.

Für alle Kranken, Einsamen und Zurückgezogenen, die sich danach sehnen, berührt zu werden und zu berühren:
Hilf ihrer Sehnsucht zum Ausbruch.

Für alle, die sich von der Not ihrer Mitmenschen berühren lassen:
Stärke ihren Willen, auf andere zuzugehen.

Für alle, die sich einsetzen für die Not der Menschen in den Ländern der Dritten Welt:
Festige unseren Entschluss, sie nicht allein zu lassen.

Für …

In der Freude über die Menschwerdung deines Sohnes vertrauen wir alle Menschen und uns selbst deiner göttlichen Liebe an. Amen.

Fest der Heiligen Familie

„Du birgst mich an der Brust der Mutter." (Ps 22, 10)

Gott, du bist für uns wie eine Mutter und wie ein Vater. Im Vertrauen auf deine Geborgenheit und schützende Nähe rufen wir dich an und bitten dich:

Für alle Paare, die ihr erstes Kind erwarten:
Stärke sie in dieser neuen Phase ihres Lebens und ihrer Partnerschaft.

– Stille –

Alle: Wir bitten dich, erhöre uns.

Für alle allein erziehenden Mütter und Väter:
Entlaste sie von dem Anspruch, sowohl Vater als auch Mutter sein zu müssen.

Für alle Kinder:
Halte sie in deiner Hand und schütze sie, wo wir es nicht können.

Für alle Paare, die ungewollt kinderlos bleiben:
Sieh auf ihre Trauer und auf die Sehnsucht nach einem Kind.

Für alle Frauen und Männer, die in gleichgeschlechtlichen Partnerschaften leben:
Sieh auf ihre Sehnsucht und lass sie deine Nähe spüren.

Für alle Mütter und Väter, die sich bemühen, ihre Kinder durch eine gute Erziehung zu begleiten:
Schenke ihnen die Kraft, trotz aller Schwierigkeiten diesen Versuch zu wagen.

Für …

Alle diese Menschen und uns selbst vertrauen wir dir an, mütterlicher und väterlicher Gott. Amen.

Epiphanie – Erscheinung des Herrn

„Und der Stern, den sie hatten aufgehen sehen, zog vor ihnen her bis zu dem Ort, wo das Kind war; dort blieb er stehen. Als sie den Stern sahen, wurden sie von sehr großer Freude erfüllt." (Mt 2, 9f.)

Gott, du bist das Licht der Welt. Für unsere Wirklichkeit kaum fassbar, erstrahlt in der Geburt eines Kindes das Licht der Welt und erhellt das Dunkel. So wie die Magier stehen wir staunend davor und bitten dich voller Vertrauen:

Wir bitten für alle, die in einer Partnerschaft an einem Scheideweg stehen, und nicht wissen, wie sie diese Krise bestehen sollen:
Schenke ihnen das Licht der Liebe.

– *Stille* –

Alle: Wir bitten dich, erhöre uns.

Wir bitten für alle, die sich nach dem Gott ihres Lebens sehnen und dich suchen:
Schenke ihnen das Licht des Glaubens.

Wir bitten für alle, die an der Suche nach dem Sinn ihres Lebens zweifeln und verzweifeln:
Schenke ihnen das Licht der Hoffnung.

Wir bitten für alle, die von Ungerechtigkeit beherrscht werden:
Schenke ihnen das Licht der Gerechtigkeit.

Wir bitten für alle, die unter Streit, Gewalt und Krieg leiden:
Schenke ihnen das Licht des Friedens.

Wir bitten für unsere Toten, die in der Hoffnung auf deine Gegenwart gestorben sind: Schenke ihnen das Licht des Lebens.

Wir bitten für …

Gott, dein Licht will sich in der Welt und unter den Menschen ausbreiten. Lass es auch unter uns leuchten und hell werden. Amen.

Osterfestkreis

Aschermittwoch

„Mach mich wieder froh mit deinem Heil, mit einem willigen Geist rüste mich aus!" (Ps 51, 14)

G ott, auf den Wegen unseres Lebens setzen wir unsere Hoffnung auf dich. Am Aschermittwoch, dem Tag der Umkehr, bitten wir dich:

Für unsere Gemeinde auf dem Weg der Umkehr:
Sei bei allen, die sich allein oder gemeinsam auf den Weg durch die Fastenzeit machen. Begleite uns und stärke unseren Mut, auch neue Wege zu gehen.

– Stille –

Alle: Wir bitten dich, erhöre uns.

Für alle Menschen, die auf einem Weg umkehren:
Sieh auf ihre Traurigkeit und ihren Schmerz um das Vergangene und stärke ihre Schritte auf dem neuen Weg.

Für alle Menschen, die Sterbende begleiten:
Sei bei ihnen an der Schwelle vom Leben zum Tod, an der kein Weg zurück mehr möglich ist.

Für alle Menschen, deren Lebenswille gebrochen ist:
Sieh auf den Schmerz ihres Lebens und mache sie wieder froh mit deinem Heil.

Für …

In der Hoffnung auf Umkehr preisen wir dich durch deinen Sohn, Jesus Christus. Amen.

Bitten in der Fastenzeit

„Der Herr vollbringt Taten des Heiles, Recht verschafft er allen Bedrängten." (Ps 103, 6)

Gott, uns plagen die Sorgen unseres alltäglichen Lebens: die Sorge um unsere Familien, um unsere Arbeit, um unseren Besitz und manchmal auch um uns selbst. Wir sehnen uns nach Entlastung und bitten dich:

Für alle Frauen und Männer, die in der Sorge um ihre Familie aufgehen.

– *Stille* –

Alle: Wir bitten dich, erhöre uns.

Für alle Frauen und Männer, die sich mit dem Erwerb von Besitz verschuldet haben.

Für alle Frauen und Männer, die Angst haben um ihren Arbeitsplatz.

Für alle Kinder, die unter Anspannung und Stress leiden.

Für alle Frauen und Männer, die einen Partner oder eine Partnerin suchen.

Für …

Gott, wir hoffen auf dein Heil und deinen Segen, den du allen Menschen schenkst. Amen.

Der Kreuzweg Jesu und die Frauen

Vierte Station: Jesus begegnet seiner Mutter (Joh 19, 25-27) – Sechste Station: Veronika reicht Jesus das Schweißtuch – Achte Station: Jesus begegnet den weinenden Frauen.

Gott, auf dem Weg nach Golgota ist Jesus seiner Mutter Maria, Veronika und den weinenden Frauen begegnet. Gemeinsam mit ihnen stehen wir am Kreuzweg des Lebens und tragen dir unsere Bitten vor:

Für alle Mütter und Väter, die den Weg ihrer Kinder nicht mitgehen können.

– Stille –

Alle: Gott, höre ihre Klage.

Für alle Frauen, die ihre kranken Familienangehörigen zu Hause pflegen.

Für alle Frauen und Männer, die die Not der anderen zu ihrer eigenen machen.

Für alle Menschen, die an sich selbst stets zuletzt denken.

Für alle Menschen, die sich selbst im Weg stehen.

Für …

Gott, wir glauben, dass du auch unseren Weg mitgehst, so wie du den Weg Jesu mitgegangen bist. Wir hoffen auf dich und deinen Segen. Amen.

25

Gebetszeit am Karfreitag – Nacht der Wache

„Und er neigte das Haupt, und gab seinen Geist auf." (Joh 19, 30b)

Gott, mit dem Tod Jesu scheinen alle Hoffnungen gestorben zu sein. Aus dem Tal der Hoffnungslosigkeit rufen wir dich trotz allem an:

Für alle Kinder, die misshandelt und missbraucht wurden.

– Stille –

Alle: Schenke ihnen Hoffnung wider alle Hoffnungslosigkeit.

Für alle Frauen und Männer, die am Ende einer Beziehung stehen.

Für alle Menschen, die schon lange Zeit arbeitslos sind.

Für alle Menschen, die an anderen schuldig geworden sind.

Für alle Menschen, die nicht wissen, ob sie heute etwas zu essen haben werden.

Für alle Menschen, deren Leben durch Krankheit bedroht ist.

Für …

Gott, wider alle Hoffnungslosigkeit hoffen wir, dass in der Mitte der Nacht der Anfang eines neuen Tages liegt. Amen.

Ostern

„Lasst uns glauben, was Maria den Jüngern verkündet. Sie sahen den Herrn, den Auferstandenen. " (Aus der Sequenz des Ostersonntags)

Gott, die Frauen am Grab haben als Erste die Auferstehung deines Sohnes bezeugt. Wir wissen uns mit ihnen verbunden und bitten dich, Gott des Lebens:

Für alle Menschen, die mit Freude von ihrem Glauben erzählen wollen:
Gib ihnen den Mut, diese frohe Botschaft zu verkünden.

– Stille –

Alle: Wir bitten dich, erhöre uns.

Für alle Frauen, die in erstarrten Strukturen leben und arbeiten:
Stütze sie, wenn sie den Stein zur Veränderung ihrer Situation ins Rollen bringen.

Für alle Mädchen, die erwachsene Frauen als Lebensbegleiterinnen brauchen:
Ermutige uns, sie in ihrem Leben und Glauben zu stärken.

Für alle Frauen, die mutlos geworden sind:
Schenke ihnen die Kraft deines Lebens.

Für unsere Verstorbenen:
Schenke ihnen Anteil am neuen Leben und die Begegnung mit dir von Angesicht zu Angesicht.

Für …

Du, Gott, bist ein Gott des Lebens. Darauf vertrauen wir und rufen dich an durch Jesus Christus, deinen auferstandenen Sohn. Amen.

Pfingsten

„Sende aus deinen Geist, und das Antlitz der Erde wird neu." (GL 253, 1)

Gütiger Gott, der Atem deines Geistes macht lebendig und befreit zu neuem Leben. Im Vertrauen auf die schöpferische Kraft des Heiligen Geistes bitten wir dich:

Für alle Frauen, die in diesen Tagen ein Kind zur Welt bringen.

– Stille –

Alle: Schenke den Geist, der lebendig macht.

Für alle Menschen, die eine wichtige Entscheidung treffen müssen.

Für alle Frauen, die vor neuen Herausforderungen stehen.

Für unsere Gemeinschaft, in der wir unseren Glauben immer wieder bekennen.

Für alle Menschen, die verwirrt sind und sich nur schwer zurechtfinden.

Für alle Eltern, die um ein Kind trauern.

Für ...

„Und es wird geschehen: wer den Namen des Herrn anruft, wird gerettet." (Joel 3, 5) Darauf hoffen wir und preisen dich im Heiligen Geist. Amen.

Jahreskreis

Sylvester – Neujahr

„Alles hat seine Stunde. Für jedes Geschehen unter dem Himmel gibt es eine bestimmte Zeit." (Koh 3,1)

Gott, in deiner Hand liegen Zeit und Raum, Anfang und Ende. In dieser Zeit der Jahreswende rufen wir dich getrost an und bitten dich:

In der Zeit des Gebärens und in der Zeit des Sterbens ...

   – Stille –

   Alle: ... sei bei uns, Gott des Lebens.

In der Zeit der Krankheit und in der Zeit des Heilens ...

   Alle: ... sei bei uns, Gott des Friedens.

In der Zeit der Klage und in der Zeit des Tanzens ...

   Alle: ... sei bei uns, Gott der Freude.

In der Zeit des Umarmens und in der Zeit des Lösens ...

   Alle: ... sei bei uns, Gott der Liebe.

In der Zeit des Schweigens und in der Zeit des Redens ...

   Alle: ... sei bei uns, Gott der Begegnung.

In der Einheit mit dem Sohn und dem Heiligen Geist hältst du die Zeit in deiner Hand. Wir preisen dich und danken dir. Amen.

Verkündigung des Herrn (25. März)

„Du wirst ein Kind empfangen, einen Sohn wirst du gebären, dem sollst du den Namen Jesus geben." (Lk 1, 31)

Gott, Maria ist zunächst sehr erschrocken bei der Botschaft des Engels; die Freude kam später. Wenn Frauen und Männer zu Müttern und Vätern werden, verändert sich ihr Leben. In der Hoffnung auf deine Begleitung beten wir zu dir:

Wir bitten für alle Frauen und Männer, die sich in diesen Tagen über die ersten Zeichen einer Schwangerschaft freuen.

– *Stille* –

Alle: Gott, halte sie in deiner Hand.

Wir bitten für alle Paare, die ungewollt kinderlos bleiben.

Wir bitten für alle Frauen und Männer, die vor der schweren Entscheidung stehen, ob sie ihr Kind empfangen wollen und können.

Wir bitten für alle werdenden Eltern, denen die medizinische Technik der vorgeburtlichen Diagnostik und eine mögliche Diagnose Angst und Sorgen bereiten.

Wir bitten für alle Frauen, die in ihrer Schwangerschaft mit Krankheiten zu kämpfen haben.

Wir bitten für alle werdenden Mütter und Väter, die unsicher sind, welchen Weg sie in der Erziehung ihrer Kinder gehen sollen.

Wir bitten für alle Mütter und Väter, deren Kind tot geboren wird.

Wir bitten für …

Gott, am Beginn eines neuen Lebens treffen viele Gefühle aufeinander: Freude und Traurigkeit, Hoffnung und Angst. Wir lobpreisen dich, Gott, Schöpfer des Lebens. Amen.

Muttertag

„In jener Zeit, als Jesus zum Volk redete, rief eine Frau aus der Menge ihm zu: Selig die Frau, deren Leib dich getragen und deren Brust dich genährt hat." (Lk 11, 27)

Gott, die Beziehung von Maria als Mutter und Jesus als Sohn war an verschiedenen Stationen des Lebens so vielfältig und bunt, wie auch heute Beziehungen von Müttern und Kindern sind. Wir bitten dich:

Für alle erwachsenen Töchter, die ihren Müttern neu begegnen wollen:
Sieh auf ihre Fragen und Unsicherheiten.

– Stille –

Alle: Wir bitten dich, erhöre uns.

Für alle Mütter, die ihre Kinder nach der Geburt zur Adoption freigegeben haben:
Sieh auf ihre Trauer.

Für alle Mütter und Väter, die um ein verlorenes Kind trauern:
Sieh auf ihre Verzweiflung.

Für alle erwachsenen Töchter und Söhne, die ihre alten und kranken Eltern pflegen:
Sieh auf ihre Mühen und Sorgen.

Für alle Frauen, deren Sehnsucht nach Mutterschaft sich nicht erfüllt:
Sieh auf ihre Hoffnung und Sehnsucht.

Für alle Frauen, die ihren Platz in unserer „Mutter Kirche" suchen:
Sieh auf ihre Anstrengung.

Für …

Nichts Menschliches ist dir, mütterlicher Gott, fremd. So danken wir dir für deine Sorge um uns Menschen und loben dich. Amen.

Bitten bei einer Marien-Wallfahrt im Monat Mai

„Meine Seele preist die Größe des Herrn, und mein Geist jubelt über Gott, meinen Retter. " („Magnificat")

Gott, mit Maria haben wir uns heute auf den Weg gemacht. In der Gemeinschaft untereinander und in der Gemeinschaft mit Maria wollen wir dir begegnen. Wir tragen dir unsere Bitten vor:

Für alle Frauen, die sich tagtäglich um das Wohl ihrer Familien sorgen, ohne dafür Ansehen zu bekommen.

– Stille –

Alle: Mütterlicher Gott, höre uns.

Für alle Frauen, die sich in Kirche und Gesellschaft für Gleichheit und Gerechtigkeit einsetzen und dabei immer wieder an Grenzen stoßen.

Für alle Frauen und Männer, die sich aus traditionellen Rollen lösen wollen und immer neu auf Vorurteile stoßen.

Für alle Frauen, die in der Geschichte nach Vorbildern für ihr eigenes Leben suchen und enttäuscht feststellen, dass die Geschichte von Frauen nur selten erzählt wurde.

Für alle Mädchen, die für ihre eigene Entwicklung uns als erwachsene Frauen brauchen, um ein Gefühl für ihre eigene Weiblichkeit zu bekommen.

Für alle Frauen, die in ihrer Würde durch Missbrauch und Gewalt verletzt wurden und verletzt werden.

Für …

Gott, Weisheit des Lebens, gemeinsam mit unserer Schwester Maria stimmen wir in das Lob deines Namens ein und preisen dich. Amen.

Dreifaltigkeits-Sonntag

„Die Gnade Jesu Christi, des Herrn, die Liebe Gottes und die Gemeinschaft des Heiligen Geistes sei mit euch allen." (2 Kor 13, 13)

Gott, du hast den Menschen dein Geheimnis offenbart und bist in der Gemeinschaft mit Jesus und dem Heiligen Geist, der Gott unserer Vergangenheit, Gegenwart und Zukunft. Dir, Gott des Lebens, tragen wir unsere Bitten vor:

Für alle Frauen und Kinder, die in den Schutz der Frauenhäuser fliehen:
Lass ihr Vertrauen in andere Menschen neu wachsen.

– *Stille* –

Alle: Wir bitten dich, erhöre uns.

Für alle Frauen, Männer und Kinder, die aus ihrer Heimat vertrieben wurden und bei uns um Asyl bitten:
Gib uns den Mut, unseren Reichtum und Platz zu teilen.

Für alle Frauen, Männer und Kinder, die von Drogen, Medikamenten, Alkohol, Nikotin, Arbeit oder Spiel abhängig sind:
Wecke ihre Sehnsucht nach dem Genuss des Lebens.

Für alle Menschen, die in fremden und eigenen Erwartungen gefangen sind:
Schenke ihnen die Kraft, sich selbst anzunehmen.

Für alle Kranken und Sterbenden, die von Schmerzen und Angst niedergedrückt sind:
Stärke ihre Hoffnung und unseren Mut, ihnen beizustehen.

Für …

Gott, wir glauben, dass deine Einheit den Menschen Gnade, Liebe und Hoffnung schenkt. Wir preisen dich und danken dir. Amen.

Fronleichnam

„Und alle aßen und wurden satt." (Lk 9, 17)

Gott, in deiner Menschwerdung willst du das Brot des Lebens sein. Mit all unserer Sehnsucht nach Leben bitten wir dich:

Für alle Menschen, deren Leben von Hungersnöten bedroht ist.

– Stille –

Alle: Gott, schenke deinen Segen.

Für alle Menschen, die nach dir, o Gott, hungern.

Für alle Frauen und Männer, die sich in ihrer Einsamkeit nach Begegnung, Berührung und Liebe sehnen.

Für alle Menschen, die in festgefahrenen Situationen auf Befreiung hoffen.

Für alle Menschen, die sich immer wieder anstrengen, um anerkannt und akzeptiert zu werden.

Für alle Menschen, die lebensmüde sind.

Für alle Menschen, die ihr Leben für andere einsetzen und riskieren.

Für …

Gott, wir danken dir für die Menschwerdung Jesu Christi und glauben, dass du jetzt und in alle Ewigkeit lebst und zum Segen für alle Menschen wirst. Amen.

Mariä Aufnahme in den Himmel (15. August)

„ Wir verkünden, erklären und definieren es als ein von Gott geoffenbartes Dogma, dass die unbefleckte, allzeit jungfräuliche Gottesmutter Maria nach Ablauf ihres irdischen Lebens mit Leib und Seele in die himmlische Herrlichkeit aufgenommen wurde." (Pius XII. am 1. November 1950)

Gott, Mutter und Vater des Lebens: heute feiern und gedenken wir in besonderer Weise Maria, die von alters her als „Blume des Feldes und Lilie in den Tälern" (Hld 2,1) verehrt wird. Wir bitten dich:

Für alle Frauen und Männer, für die Maria als Fürsprecherin ihres Lebens eine besondere Bedeutung hat:
Stärke sie in ihrer Hoffnung.

– Stille –

Alle: Wir bitten dich, erhöre uns.

Für alle Frauen und Männer, die für ihr Leben den Schutz Mariens erbitten:
Stärke sie in ihrem Vertrauen.

Für alle Frauen und Männer, die sich in der Hochblüte ihres Lebens fühlen:
Stärke sie in ihrer Lebenskraft.

Für deine Schöpfung, die unserer sorgenden Hand anvertraut ist:
Stärke uns in unserer Sorge um ihre Erhaltung.

Für alle Menschen, die in der Hoffnung sterben, in deine himmlische Herrlichkeit aufgenommen zu werden:
Stärke sie in ihrem Glauben.

Für …

Gott, mit Maria begegnen wir dir. Wir vertrauen auf deinen und ihren Schutz und Segen für unser Leben. Amen.

35

Sieben Schmerzen Mariens (15. September)

„Und Simeon segnete sie und sagte zu Maria, der Mutter Jesu: Dieser ist dazu bestimmt, dass in Israel viele durch ihn zu Fall kommen und viele aufgerichtet werden, und er wird ein Zeichen sein, dem widersprochen wird. Dadurch sollen die Gedanken vieler Menschen offenbar werden. Dir selbst aber wird ein Schwert durch die Seele dringen." (Lk 2, 33-35)

Gott, Maria hat als Frau in ihrer Zeit ein eigenständiges Leben geführt. Gleichzeitig ist ihr Leben in vielen Momenten sehr eng mit dem Leben und Leiden ihres Sohnes Jesu verbunden. In freudvollen und in schmerzhaften Zeiten rufen auch wir dich an und bitten dich um deine Nähe:

Wir bitten für alle Mädchen und Frauen, die in ihrer Würde durch Vergewaltigung und Missbrauch verletzt werden.

– *Stille* –

Alle: Schenke ihnen deine Nähe.

Wir bitten für alle Frauen und Männer, die aus ihrer Heimat fliehen und keine Hoffnung auf Rückkehr haben.

Wir bitten dich für alle Frauen und Männer, die die Last von Krieg und Leid tragen müssen.

Wir bitten dich für die Frauen der Welt, die die Verbundenheit untereinander suchen.

Wir bitten für alle Menschen, die im Widerspruch mit sich selbst leben.

Wir bitten für alle Frauen und Männer, die dem leidvollen Sterben nahe stehender Todkranker hilflos zusehen.

Wir bitten für …

Gott, auch in der Verlassenheit und Einsamkeit unter dem Kreuz ihres Sohnes hast du Maria deine Nähe geschenkt. Im Vertrauen auf deine heilbringende Nähe und Gegenwart preisen wir dich. Amen.

Erntedank

Leben – mit allen Sinnen und von (allen) Sinnen.

Gott, du hast die Welt in erstaunlicher Vielfalt und Buntheit geschaffen. Den Menschen hast du als dein Ebenbild erschaffen, als Einheit von Seele und Leib, Geist und Körper, damit wir deine Schöpfung in aller Vielfalt erleben können. So beten wir zu dir mit allen unseren Sinnen:

Wir hören Vögel, das Rauschen des Windes, die Stille des Schnees, Maschinen, Musik. – Wir hören auch die Stimmen vieler Menschen, das Schreien von Kindern – und spüren unsere eigene Stummheit.

– Stille –

Alle: Gott, stärke unsere Sinne, damit wir das Leben spüren.

Wir sehen bunte Wiesen, grünen Wald, bewölkten Himmel, Schmetterlinge. – Wir sehen auch obdachlose Menschen, zerstörte Häuser in Kriegsgebieten – und spüren unsere eigene Blindheit.

Wir riechen das Wasser eines Teiches, den Duft des Frühlings, Blumen, Kühe auf der Weide, Weihrauch. – Wir riechen auch die Abgase unserer Autos, den Smog in den Städten, den Geruch unseres eigenen Abfalls.

Wir schmecken Brot und Wasser, süße Trauben, Kräuter des Gartens, Kuchen und Fleisch. – Wir schmecken auch künstliche Aromen und geschmacklose Speisen, und sehen obdachlose und hungernde Menschen – und spüren unseren eigenen Hunger nach Leben.

Wir fühlen die Nässe des Regens, die Kälte des Winters, den Kuss auf den Lippen, den Schutz der Kleidung, den Boden unter unseren Füßen. – Wir fühlen auch die Nähe und die Distanz zu anderen Menschen, Einsamkeit, Angst – und spüren unsere Sehnsucht nach Berührung.

Wir …

Du, Gott, bist ein Gott des Lebens. Dir vertrauen wir uns an mit all unseren Sinnen und unserer Sehnsucht. Amen.

Bitten in einer Rosenkranz-Andacht

„Gegrüßet seist du, Maria, voll der Gnade. Der Herr ist mit dir." (Lk 1,28)

Gott, durch einen Boten hast du Maria den göttlichen Geist und die schöpferische Kraft zugesprochen. Durch Maria – als Botin unseres Lebens – tragen wir dir unsere Bitten vor:

Für alle Frauen und Männer, die vor den Schrecken ihres Lebens Zuflucht im Gebet suchen.

– Stille –

Alle: Schenke deinen Geist und deine schöpferische Kraft.

Für alle Frauen und Männer, deren Weinen und Klagen niemand hört.

Für alle Frauen und Männer, die in den Erniedrigungen ihres Lebens gefangen sind.

Für alle Frauen, die in Kirche und Gesellschaft ihre Stimme erheben und Position beziehen.

Für die Stummen, Unterdrückten und Ausgegrenzten, die keine Möglichkeit haben, um für ihr Ansehen zu kämpfen.

Für …

Gott, in Maria erkennen wir deine heilende Nähe und schützende Geborgenheit. Wir danken dir und stellen uns unter deinen Segen. Amen.

Hochfest Mariä Erwählung (8. Dezember)

„Der Engel trat bei ihr ein und sagte: Sei gegrüßt, du Begnadete, der Herr ist mit dir." (Lk 1, 28)

Gott, an Maria hast du dich in der Gestalt des Engels gewandt, an Mose hast du deine Stimme im brennenden Dornbusch gerichtet. So hören Menschen deine Worte auf verschiedene Weise und können darauf antworten. Gott, Stimme und Ruf unseres Lebens, zu dir erheben wir unsere Stimmen:

Wir bitten dich für alle Frauen, die sich mit ihrer eigenen Berufung beschäftigen:
Schenke ihnen die innere Ruhe, um auf ihre Stimme zu hören. Höre unseren Ruf.

– *Stille –*

Alle: Erhöre unseren Ruf.

Wir bitten dich für alle Frauen, die sich für einen Beruf in unserer Kirche entschieden haben: Stärke sie in ihrem Bemühen, sich gegenseitig zu hören. Höre unseren Ruf.

Wir bitten dich für alle Frauen, die sich in unserer Kirche auf das Amt der Diakonin vorbereiten:
Stütze ihre Sehnsucht, deinem Ruf zu folgen.
Höre unseren Ruf.

Wir bitten dich für alle Frauen, die auf ihr Leben blicken und verunsichert sind:
Schenke ihnen deine Kraft in ihrem Bemühen, zu neuer Gelassenheit und Selbstsicherheit zu finden.
Höre unseren Ruf.

Wir bitten dich für alle jungen Frauen, die viele Stimmen hören und noch nicht wissen, welcher sie folgen wollen:

Schenke ihnen die Lust und Kraft, sich auf ihren eigenen Weg zu begeben.
Höre unseren Ruf.

Wir bitten dich für alle Frauen, die sich zu einem Leben in einer Ordensgemeinschaft entschieden haben, um deiner Stimme ohne Ablenkung zu folgen:
Schenke ihrer Sehnsucht Raum bei dir.
Höre unseren Ruf.

Wir bitten dich für …

Gott, Frauenleben und Berufungen sind vielfältig. Im Vertrauen auf die befreiende Vielfalt deines göttlichen Lebens preisen wir dich jetzt und in Ewigkeit. Amen.

Frauen im Jahreskreis

Katharina von Siena (29. April) – Tag des Diakonats

„Gerechtigkeit ohne Gnade ist eher ungerecht als gerecht." (Katharina v. Siena an Papst Urban VI.)

Jesus, Freund der Menschen, du hast Frauen zur Nachfolge berufen und in dein Erlösungswerk einbezogen. Katharina von Siena ist uns Vorbild in ihrem Einsatz für Gerechtigkeit, Frieden und Versöhnung in der Kirche. Mit Blick auf Katharina von Siena und im Wissen um unsere Stärken und Schwächen tragen wir dir unsere Bitten vor:

Wir beten für die Frauen, die sich auf den Dienst als Diakonin vorbereiten.

– Stille –

Alle: Jesus, begleite sie auf ihrem Weg, in deiner Kirche wirksam zu werden.

Wir beten für die Frauen, die sich als Theologinnen um einen Lehrstuhl an einer theologischen Fakultät bemühen.

Wir beten für die Seelsorgerinnen in unseren Gemeinden, die sich in vielfältiger Weise für die Menschen einsetzen, die ihnen anvertraut sind.

Wir beten für die ehrenamtlich tätigen Mitarbeiterinnen in den Pfarreien und Verbänden, die ungezählte diakonische Dienste verrichten.

Wir beten für alle hauptamtlichen Mitarbeiterinnen in den Pfarrgemeinden, Institutionen und Verbänden, die jeweils an ihrem Ort versuchen, ihrem Auftrag gerecht zu werden.

Wir beten für die Frauen, denen die Möglichkeiten zur Mitarbeit, die ihren Begabungen entsprechen, verwehrt werden.

Wir beten für …

Jesus, als Frauen möchten wir in deiner Kirche wirksam werden. Wir setzen unser Vertrauen auf deine Gegenwart und in die Kraft des Heiligen Geistes und preisen dich in alle Ewigkeit. Amen.

Edith Stein (9. August)

„Was es bedeutet, von Gott für ewig angenommen zu sein, das lässt sich in Worten nicht aussprechen." (Edith Stein)

Gott, im Leben der heiligen Edith Stein liegen Anstöße für unser eigenes Leben als Frauen. Deshalb wollen wir unseren Blick auf diese Frau lenken und fühlen uns ihr verbunden. Wir beten zu dir und rufen dich an:

Wir denken an alle Frauen, die aus den gewohnten Bahnen ihrer Familien, Traditionen und Rollen ausbrechen und ihren eigenen Weg gehen:
Gott, sieh auf ihre Schritte.

– Stille –

Alle: Wir bitten dich, erhöre uns.

Wir denken an alle jungen Frauen, die sich für ein Leben in einer Ordensgemeinschaft entschließen:
Gott, schenke ihnen die Gemeinschaft mit dir.

Wir denken an alle Frauen, die als Wissenschaftlerinnen arbeiten und um die Anerkennung ihrer Leistungen betrogen werden:
Gott, sieh auf ihre Mühe.

Wir denken an alle Frauen, von deren Leben und Ruhm die Weltgeschichte nichts erzählt:
Gott, lenke unseren Blick auf sie.

Wir denken an all die Frauen und Männer, die sich für das Gespräch zwischen Juden und Christen engagieren:
Gott, schenke ihnen deine Weisheit.

Wir beten für all die Frauen und Männer, die heute wegen ihrer Religion oder Rasse verfolgt werden:
Gott, höre auf ihr Flehen.

Wir klagen um alle Frauen und Männer, die unter dem Unrechtsregime des Nationalsozialismus umgebracht wurden:
Gott, höre unsere Klage.

Wir denken an ...

Gott, du nimmst uns so an, wie wir sind. In dir fühlte auch Edith Stein sich geborgen und aufgehoben. Wir vertrauen uns und alle Menschen, für die wir beten, deiner mütterlichen und väterlichen Fürsorge an. Amen.

Hildegard von Bingen (17. September)

„Sci vias. " – „Wisse die Wege. " (Hildegard von Bingen)

Gott, Hildegard von Bingen glaubte und verkündigte deine Liebe, die alle Geschöpfe umfasst und den Menschen als Ganzes im Leben hält und führt. In Verbundenheit mit der heiligen Hildegard bitten wir dich:

Für alle Frauen, die ihren Träumen und Visionen von einem gelingenden Leben trauen wollen.

– Stille –

Alle: Umarme sie mit deiner mütterlichen Liebe.

Für alle Menschen, die sich für den Schutz der Umwelt und die Bewahrung deiner Schöpfung einsetzen.

Für alle Frauen und Männer, die von ihrem Glauben Zeugnis ablegen.

Für alle Frauen und Männer, die in der Pflege und Betreuung die Menschen, die ihnen anvertraut sind, als ganze Menschen mit Leib und Seele sehen.

Für alle Frauen, die in Politik, Gesellschaft und Kirche auch unbequeme Positionen vertreten.

Für alle, die sich weltweit für die Rechte von Frauen engagieren.

Für …

Gott, wir danken dir für die mütterliche Liebe deiner Umarmung, die uns im Leben trägt und in Gefahren unsere Helferin ist. Amen.

Teresa von Avila (15. Oktober)

„Auch bei den Kochtöpfen findet ihr den Herrn." (Teresa von Avila)

Gott, für Teresa von Avila gehörten Tun und Gebet, actio und contemplatio, untrennbar zusammen. Am Beispiel ihres Lebens betrachten wir unser eigenes Leben und bitten dich:

Für alle Menschen, die sich nach innerer Ruhe und Gelassenheit sehnen. Wir bitten dich:

– *Stille* –

Alle: Höre unser Gebet.

Für alle arbeitslosen Frauen, die wieder aktiv ins Berufsleben einsteigen möchten. Wir bitten dich:

Für alle Menschen, die vor lauter Mühe und Arbeit sich selbst verloren haben. Wir bitten dich:

Für alle Frauen und Männer, die in Ordensgemeinschaften zusammenleben, um der Begegnung mit dir besonderen Raum zu geben. Wir bitten dich:

Für alle Menschen, die in ihrem Glauben verunsichert sind und nicht mehr wissen, wie sie zu dir sprechen können. Wir bitten dich:

Für alle Frauen und Männer in sozialen Berufen, die sich für andere Menschen engagieren und darüber die Sorge für sich selbst vergessen. Wir bitten dich:

Für alle Sterbenden, die die Hoffnung haben, dir von Angesicht zu Angesicht begegnen zu können. Wir bitten dich:

Für … Wir bitten dich:

Gott, in unserer Mitte wollen wir dir begegnen. Wir loben dich und preisen dich für deine Nähe. Amen.

Hedwig von Schlesien (16. Oktober)

„Ich esse, was mir genügt. " (Hedwig von Schlesien)

Gott, die heilige Hedwig von Schlesien richtete ihr Leben nach dem Evangelium aus. Als Landesmutter bemühte sie sich um Frieden, Verzeihung und Versöhnung und setzte sich mit allem Nachdruck für soziale Gerechtigkeit ein. – In den Wirren des Zweiten Weltkriegs ist sie für viele Heimatvertriebene eine Begleiterin gewesen. Im Vertrauen darauf, dass du die Menschen nicht allein lässt, tragen wir dir unsere Bitten vor.

Viele Frauen und Männer suchen immer noch und immer wieder Verständnis für ihre Wegerfahrungen als Vertriebene. Trage sie mit deiner Zusage, dass sie bei dir Gehör finden.

– Stille –

Alle: Wir bitten dich, erhöre uns.

Gerade Frauen erleiden bis heute schlimme körperliche und seelische Verletzungen durch Flucht, Vertreibung und Krieg.
Führe sie zur Stärke des Glaubens und Handelns zu ihrem eigenen Wohlergehen.

Noch immer warten viele ehemalige Fremdarbeiter, Männer und Frauen, die unter schwersten Bedingungen in Deutschland gearbeitet haben, auf eine Entschädigung.
Stärke sie in ihrer Hoffnung auf Gerechtigkeit.

In den Krisen- und Kriegsgebieten unserer Erde – besonders in ... – bemühen sich Politikerinnen und Politiker um Versöhnung zwischen den Völkern.
Schenke ihnen die Kraft, die Brücken des Friedens zu bauen.

Immer wieder versuchen Frauen und Männer, die Machtmechanismen unserer Zeit zu durchschauen, zu durchbrechen und menschlicher zu machen. Steh du ihnen bei, wenn sie in diesem Bemühen angefeindet und bekämpft werden.

In vielen Gruppen bemühen sich Menschen um Kontakte zwischen deutschen und polnischen Christengemeinden.
Leite sie in ihrem Bemühen um wirkliche Begegnung.

Gott, nach dem Vorbild der heiligen Hedwig wollen wir der Stimme des Heiligen Geistes in uns vertrauen und unsere Kraft in deinem Namen zum Wohl der Menschen einsetzen. Wir loben dich und danken dir. Amen.

Elisabeth von Thüringen (19. November)

„Ich habe euch immer gesagt, dass wir die Menschen fröhlich machen müssen. " (Elisabeth v. Thüringen)

Gott, wir feiern den Festtag der heiligen Elisabeth als Tag unserer Frauengemeinschaft. Bis heute leben und arbeiten viele Frauen im Geiste von Elisabeth überall dort, wo Menschen in Krankheit und Not sind. Wir beten zu dir und rufen dich an:

Wir denken an alle Krankenschwestern und –pfleger, die weltweit im Einsatz für Kranke und Verwundete in den Kriegsgebieten unserer Erde tätig sind.

– Stille –

Alle: Schenke ihnen den Geist der Menschenliebe.

Wir denken an alle Mitarbeiterinnen und Mitarbeiter in Kliniken und Krankenhäusern, die sich bemühen, in der Sorge um die ihnen anvertrauten Menschen gut zusammenzuarbeiten.

Wir denken an die Frauen und Männer, die im ambulanten Pflegedienst tätig sind und oft in der Anspannung stehen, ihre Zeit zwischen Pflege und Begegnung mit den Menschen gerecht zu bemessen.

Wir denken an die Ordensgemeinschaften, die sich nach dem Vorbild der heiligen Elisabeth für obdachlose Menschen einsetzen.

Wir denken an die vielen Mitarbeiterinnen, die in den Pfarreien alte und kranke Mitglieder der Frauengemeinschaft besuchen und so den Kontakt aufrecht erhalten.

Wir denken an ...

Menschenfreundlicher Gott, wir danken dir für den Geist deiner Liebe und vertrauen dir alle an, für die wir in dieser Stunde beten. Amen.

„Der Gott,
an den wir glauben,
hat sich immer wieder den Menschen
in Liebe zugewandt,
so sehr, dass sie darauf vertrauten:
Er sieht ihre Bedrückung,
hört ihre Klage,
beendet ihre Not (vgl. Ex 3,17).
Er hat das Volk Israel,
unsere älteren Schwestern und Brüder im Glauben,
aus der Sklaverei befreit
und in ein fruchtbares Land geführt.
Darin zeigt sich, wer Gott ist:
„Werke der Gerechtigkcit
vollbringt Jahwe,
den Unterdrückten verschafft er Recht (Ps 103,6). "

Aus: Leitlinien '99, Glaubend handeln für Gerechtigkeit
    Katholische Frauengemeinschaft Deutschlands (kfd)

Claudia Seeger

Frauengemeinschaft – Glaubensgemeinschaft

Wenn Frauen Gottesdienst feiern und darin Fürbitte halten, tragen sie auch ihre eigenen frauenspezifischen Anliegen vor Gott. Frauen setzen sich unter anderem ein für ein Leben in Ehrfurcht vor Gottes Schöpfung, für ein gewaltfreies Zusammenleben von Menschen, für eine gerechte Weltwirtschaftsordnung und für gleiche Rechte von Frauen und Männern.

Diese Anliegen bilden auch die Grundlage der Leitlinien '99, dem aktuellen Programm der Katholischen Frauengemeinschaft Deutschlands (kfd), aus denen im Jahr 2000 das aktuelle Schwerpunktthema des Verbandes *„Herausforderung Gerechtigkeit: Hinschauen und handeln"* hervorgegangen ist. Auf dieses Grundsatzpapier beziehen sich die Überschriften der Fürbitttexte ab Seite 66. Die Katholische Frauengemeinschaft Deutschlands (kfd) ist der größte Frauenverband Deutschlands und hat Frauengruppen in sehr vielen Gemeinden, was sie zum mitgliederstärksten Verband innerhalb der katholischen Kirche macht. Sie hat sich immer schon um die liturgische Entwicklung aus der Sicht von Frauen bemüht. Die Fürbitttexte von Seite 52 bis Seite 65 sind Vorschläge für typische Anlässe, die kfd-Gruppen mit einem Gottesdienst feiern. Da diese Anlässe in ähnlicher Weise in jeder Gruppe vorkommen, können alle Frauengruppen die Fürbitten für ihre Gottesdienste verwenden.

Frauenalltag im Gebet

Bitten beim Festgottesdienst anlässlich eines Jubiläums

Gott, seit 50 (75, 100) Jahren versammeln sich Frauen in unserer Gemeinschaft, um miteinander Erfahrungen auszutauschen, die Freizeit zu gestalten, sich für andere zu engagieren, Gottesdienst zu feiern und vieles mehr. Als Gemeinschaft von Christinnen, die in ihrer Mitte dir begegnen will, bitten wir dich:

Für unsere Frauengemeinschaft:
Sende uns deinen Geist, auf dass wir aufmerksam sind für alle, die Gemeinschaft mit uns suchen.

– *Stille* –

Alle: Wir bitten dich, erhöre uns.

Für unsere Gemeinde:
Sei bei den unterschiedlichen Gruppierungen und bei jedem und jeder Einzelnen, die auf ihre je eigene Weise in unserer Gemeinde mitarbeiten. Schenke uns den Geist der Einheit, wenn es Missverständnisse und Konflikte gibt.

Für unsere ganze Kirche:
Steh den Menschen bei, die sich in ihr um ein gleichberechtigtes Miteinander von Frauen und Männern, Priestern und Laien, Alten und Jungen bemühen.

Für alle Gemeinschaften von Frauen in den christlichen Kirchen:
Gib ihnen immer wieder neu die Kraft, sich für Gerechtigkeit und Menschlichkeit einzusetzen, auch wenn sie damit oft an Grenzen stoßen.

Für die verstorbenen Mitglieder unserer Gemeinschaft und für alle Verstorbenen, an die wir heute besonders denken:
Schenke ihnen die Gemeinschaft mit dir in der Ewigkeit.

Für …

Darum bitten wir dich durch deinen Sohn Jesus Christus, den Freund aller Menschen. Amen.

Bitten anlässlich einer Jahresversammlung

Guter Gott, wir glauben, dass du mit uns unseren Weg gehst und alles mit uns teilst, was uns freut und was uns bedrückt. Darum wenden wir uns voll Vertrauen an dich:

Stärke unsere Gemeinschaft, damit wir immer wieder neue Wege zueinander finden.

– Stille –

Alle: Höre uns, guter Gott.

Gib uns einen langen Atem, wenn wir trotz intensiven Bemühens unserem Ziel keinen Schritt näher kommen.

Schenke uns die Aufmerksamkeit füreinander, die nötig ist, wenn wir einander zuhören wollen und die Anliegen der Einzelnen ernst nehmen.

Begleite unsere Gemeinschaft auf ihrem Weg im kommenden Jahr, das neue Herausforderungen für sie bereithält.

Wir gedenken heute auch der Mitglieder unserer kfd, die im vergangenen Jahr verstorben sind: (Namen). Nimm sie bei dir auf.

Hilf ...

Wir danken dir, dass du uns bis zu diesem Tag begleitet hast. Erhöre unsere Bitten und sei auch weiterhin mit uns auf unserem Weg. Darum bitten wir durch Christus, unseren Freund und Bruder. Amen.

Bitten im Gottesdienst einer Mitarbeiterinnen-Runde

Guter Gott, wir danken dir für die Begegnungen bei unseren Besuchen, die unser Leben bereichern. Manchmal sind wir aber auch enttäuscht, weil wir uns nicht willkommen fühlen. Wir glauben, dass du alle unsere Erfahrungen teilst. Durch deinen menschgewordenen Sohn bitten wir dich:

Für alle, die einsam sind und Zuspruch nötig haben:
Sende ihnen Menschen, die ihnen zuhören und denen sie vertrauen können. Guter Gott, höre uns.

– Stille –

Alle: Guter Gott, höre uns.

Für alle, die nie Zeit für sich selbst finden:
Schenke ihnen den Mut, auch einmal „Nein" zu sagen und sich selbst etwas Gutes zu tun. Guter Gott, höre uns.

Für alle, die die Hoffnung verloren haben und keinen Ausweg aus einer Krise mehr sehen:
Sei bei ihnen, wenn sie dich brauchen. Guter Gott, höre uns.

Für uns, die wir bei unseren Besuchen mit den unterschiedlichsten Erwartungen konfrontiert werden:
Gib uns neue Zuversicht, wenn wir uns überfordert fühlen. Guter Gott, höre uns.

Für die verstorbenen Mitglieder unseres Kreises:
Begleite sie jetzt, wie du sie auch zu Lebzeiten begleitet hast. Guter Gott, höre uns.

Für …
Guter Gott, höre uns.

Du, Gott der Liebe lässt niemanden fallen. Sei uns ein sicheres Netz, wenn der Boden unter unseren Füßen schwankt. Darum bitten wir durch Jesus Christus, deinen Sohn und unseren Wegbegleiter. Amen.

Bitten bei einer Verabschiedung

Herr, immer wieder kommen wir in unserem Leben an Punkte, an denen es Abschied nehmen heißt, wo wir auf Vergangenes zurückblicken und uns auf Kommendes einlassen. Dich, unseren Gott, der alle Zeit in den Händen hält, bitten wir:

Für alle Menschen, die in diesen Tagen in den Ruhestand gehen:
Begleite sie in diesem neuen Abschnitt ihres Lebens.

– Stille –

Alle: Darum bitten wir dich, o Herr.

Für alle Menschen, die sich durch Tod oder Trennung von einem geliebten Menschen verabschieden müssen:
Sei bei ihnen in den dunklen Stunden, wenn ihnen die Zukunft nur noch düster erscheint.

Für alle Menschen, deren Verwandte oder Freunde plötzlich aus dem Leben gerissen wurden und sich daher nicht von ihnen verabschieden konnten:
Gib ihnen die Kraft, ihre Trauer zu verarbeiten.

Für alle, denen es schwer fällt, Abschied zu nehmen von den Dingen, die ihnen ans Herz gewachsen sind:
Schenke ihnen die Einsicht, dass sie aus dieser Welt nichts mitnehmen können.

Für Frau … (Name), die wir heute verabschieden und für alle Menschen, die heute ein Amt niederlegen:
Wir danken dir für die gemeinsamen Erfahrungen, und bitten für alle, dass sie ihren neuen Herausforderungen gerne begegnen.

Für uns alle, die wir einmal Abschied vom Leben nehmen müssen:
Steh uns in unserer Sterbestunde bei.

Für …

Herr, nichts in unserem Leben dauert ewig, nur die Veränderung ist uns immer sicher. Wir wollen für das Vergangene Dank sagen und voll Zuversicht der Zukunft entgegengehen. Amen.

Bitten bei der Neuaufnahme in die Frauengemeinschaft

Heute feiern wir die Aufnahme von Frau (*Name*) in unsere Frauengemeinschaft. Wir wollen unsere Bitten nun an den richten, der Anfang und Ende
ist und der kommen wird, unsere Welt zu erneuern:

Jesus Christus, du hast alle Menschen guten Willens in die Gemeinschaft
mit dir aufgenommen:
Sende uns deinen Geist, damit wir als Frauengemeinschaft Zeugnis von deiner Liebe ablegen. Christus, höre uns.

– *Stille* –

Alle: Christus, höre uns.

Jesus Christus, jede und jeder konnte deine Jüngerin und dein Jünger wer-
den: Frauen und Männer, Juden und Heiden, Fischer und Schriftgelehrte,
Alte und Junge:
Gib auch uns diesen Geist der Offenheit und Toleranz, auf dass wir die
Schranken in unseren Köpfen und Herzen abbauen.
Christus, höre uns.

Jesus Christus, du hast deine Jünger ermahnt, jungen Wein nicht in alte
Schläuche zu füllen:
Erneuere das Zusammenleben in unserer Kirche und unserer Gemeinde,
damit der junge Wein nicht verdirbt.
Christus, höre uns.

Jesus Christus, du hast Gottes Wort neu zu den Menschen gebracht. Gib,
dass wir das Evangelium so verkünden und leben, dass wir damit zur Erneue-
rung der Welt beitragen.
Christus, höre uns.

Jesus Christus, wir wollen heute auch an unsere verstorbenen Mitglieder
denken:
Nimm sie in deiner Liebe auf.
Christus, höre uns.

Jesus Christus …

Wir erwarten einen neuen Himmel und eine neue Erde. Stärke uns in unserer Hoffnung auf dein Kommen. Amen.

Bitten im Gottesdienst anlässlich der Neuwahlen in den Vorstand

Gott, du hast immer wieder neu die Beziehung zu uns Menschen gesucht. Ein neuer Anfang bedeutet immer eine neue Chance. Wir bitten dich:

Für alle, die in dieser Welt Verantwortung tragen, dass sie sich nicht dazu verführen lassen, ihre Position zu missbrauchen, sondern verantwortungsvoll mit der ihnen gegebenen Macht umgehen.

– *Stille* –

Alle: Wir bitten dich, erhöre uns.

Für alle, die mit großer Motivation und viel Elan eine neue Aufgabe übernommen haben,
dass sie sich durch Widerstände nicht entmutigen, sondern herausfordern lassen.

Für alle, die sich in einem Amt für andere engagieren,
dass sie trotz ihrer vielfältigen Aufgaben auch die Menschen im Blick behalten.

Für alle, die die Last eines solchen Amtes spüren,
dass sie nicht verbittern, sondern Rückhalt in dir finden.

Für …

Gott, unser Begleiter, nimm unsere Anliegen an und bleibe mit uns auf dem Weg. Amen.

Bitten im Gottesdienst für schwer kranke Mitglieder

Gott, unser Vater und unsere Mutter, durch deinen Sohn hast du gezeigt, dass du besonders bei den leidenden und verzweifelten Menschen sein willst. Wir denken heute an alle, die von Krankheit betroffen sind.

Wir beten für die Menschen, die noch auf ihre Diagnose warten und sich große Sorgen machen.

– Stille –

Alle: Herr, erbarme dich.

Wir beten für die Menschen, die an einer todbringenden Krankheit leiden und sich auf ihr Sterben vorbereiten.

Wir beten für die Menschen, denen ihre Krankheit große Schmerzen bereitet.

Wir beten für die Menschen, die krank sind und keine gute medizinische Versorgung haben.

Wir beten für die Menschen, die durch ihre Krankheit einsam geworden sind.

Wir beten für die Menschen, die beruflich oder privat kranke Menschen pflegen.

Wir denken besonders auch an diejenigen aus unserer kfd-Gruppe, die krank sind oder bei denen ihnen nahe stehende Menschen erkrankt sind.

Wir beten für ...

Unser Gebet für all diese Menschen legen wir dir ans Herz, denn wir wissen, dass du die Heilung aller Menschen willst. Als Gesunde und als Kranke sind wir auf dem Weg zu dir. Amen.

Bitten anlässlich eines Begräbnisses

Lasst uns zu unserem Gott, dem Herrn über Leben und Tod und zu Jesus Christus, dem Auferstandenen, rufen:

Unsere Schwester (*Name*) ist nicht mehr bei uns. Sie ist gestorben. Für die gemeinsamen Erlebnisse und die schönen Momente, die wir mit ihr geteilt haben, danken wir dir. Wir wollen sie in unserer Erinnerung behalten.
Herr, erbarme dich.

– Stille –

Alle: Christus, erbarme dich.

Nur du weißt um die Beziehung, die die Tote in ihrem Leben zu dir hatte. Nimm (*Name*) auf in deinen Frieden.
Herr, erbarme dich.

Wir bitten für alle, denen (*Name*) jetzt fehlt und die um sie trauern.
Herr, erbarme dich.

Wir bitten für alle Toten, die von niemandem betrauert werden und die niemand vermisst. Du hast ihren Namen in deine Hand geschrieben.
Herr, erbarme dich.

Wir bitten dich auch für diejenige von uns, die (*Name*) als Nächste in dein Reich folgen wird.
Herr, erbarme dich.

Wir bitten für …

Gott, wenn der Tod jemanden aus unserer Mitte nimmt, werden wir an unsere eigene Vergänglichkeit erinnert. Weil du von den Toten auferstanden bist, können wir aber hoffen, dass der Tod nie das letzte Wort behält. Stärke uns in dieser Hoffnung. Amen.

Fürbitten als geistlicher Impuls für einen Kreis

Guter Gott, wir sind zusammengekommen, um … Bevor wir mit unserer Arbeit beginnen, wollen wir uns auf deine Gegenwart in unserem Kreis einlassen. Wir bitten dich: Guter Gott, erbarme dich.

Wir kommen hierher aus den verschiedenen Situationen unseres Alltags, die jede von uns jetzt noch mehr oder weniger beschäftigen. Den Stress des Tages hinter uns zu lassen, um ganz hier sein zu können, fällt uns oft nicht leicht.

– Stille –

Alle: Guter Gott, erbarme dich.

Meistens bereitet unsere Arbeit uns Freude. Doch manchmal fällt es uns auch schwer, einen guten Ausgleich zwischen unserem Engagement und dem Schöpfen neuer Kraft aus der Begegnung mit dir zu finden.

Wie überall gibt es auch bei uns Meinungsverschiedenheiten und Konflikte. Wir versuchen, sie fair und gerecht auszutragen, doch wir wissen auch, dass uns das nicht immer gelingt.

Wir wollen alle Menschen in unser Gebet einschließen, die uns am Herzen liegen.

Wir denken auch an alle Frauen, die aus unserem Kreis ausgeschieden sind (Namen?). Begleite ihren Weg.

Wir …

Gott unseres Lebens, du wendest dich uns immer wieder neu zu und zeigst uns deine Treue. Sei auch heute bei uns und segne unsere Arbeit. Amen.

Fürbitten bei einer Wallfahrt

Jesus, unser Bruder, du willst uns auf unseren Wegen begleiten. Wie auf dem Weg nach Emmaus gibst du dich nicht immer gleich zu erkennen, und auch wir können deine Gegenwart manchmal nicht spüren. Du selbst bist der Weg zum Vater. Zu dir rufen wir:

Sei bei uns, wenn unser Weg ohne Hindernisse ist und geradeaus geht.

– Stille –

Alle: Wir bitten dich, erhöre uns.

Sei bei uns, wenn unser Weg steil und beschwerlich ist.

Sei bei uns, wenn die Hindernisse auf unserem Weg groß sind und wir nicht mehr weiterkönnen.

Sei bei uns, wenn andere uns daran hindern, unseren Weg zu finden.

Sei bei uns, wenn wir anderen im Wege stehen, ohne es zu merken.

Sei bei uns, wenn wir einmal am Ziel unseres Weges angelangt sind.

Sei bei uns, wenn …

Jesus unser Wegbegleiter, sei uns Licht und Stütze auf unserem Weg und stärke unser Vertrauen in deine Gegenwart. Amen.

Bitten im Gottesdienst anlässlich einer Silbernen Hochzeit

Wenn zwei zusammen schlafen, wärmt einer den anderen; einer allein – wie soll er warm werden? so schreibt Kohelet (Koh 4,11). Du Gott unseres Lebens hast uns für die Gemeinschaft erschaffen. Zu dir rufen wir:

Wir bitten für alle Paare, die in diesen Tagen ein Jubiläum ihres gemeinsamen Lebens feiern.

– *Stille* –

Alle: Gott unseres Lebens, erhöre uns.

Wir bitten für die Paare, die heute heiraten:
Begleite ihren gemeinsamen Weg.

Wir bitten für die Menschen, die in gestörten Ehen leben und die nicht zu ihrem Versprechen stehen konnten:
Hilf ihnen, mit ihrem Schmerz und der Enttäuschung fertig zu werden.

Wir bitten für alle Menschen, die sich nach einem Partner für ihr Leben sehnen:
Sei bei ihnen, wenn sie einsam sind.

Wir bitten für die Eheleute ... (Name), die heute ihre Silberne Hochzeit feiern.

Wir bitten für ...

Du Gott unseres Lebens warst an unserer Seite, auch wenn wir deine Nähe nicht immer gespürt haben. Bleibe weiterhin bei uns. Amen.

Frauenleben sind vielfältig

Du, Gott, bist ein menschenfreundlicher Gott. In Jesus Christus bist du selbst Mensch geworden und hast unter uns Frauen und Männern auf der Erde gelebt. Zu dir, dem nichts Menschliches fremd ist, rufen wir:

Sieh auf die Frauen, deren Lebensform gesellschaftlich nicht voll akzeptiert ist: Alleinerziehende und Frauen in gleichgeschlechtlichen Partnerschaften.

– Stille –

Alle: Wir bitten dich, erhöre uns.

Sieh auf die Frauen, die gescheiterte Partnerschaften erlebt haben.

Sieh auf die Frauen, die in einer Familie leben.

Sieh auf die Frauen, die im Berufsleben stehen.

Sieh auf die Frauen und Männer, die sich in Kirche und Gesellschaft dafür einsetzen, dass Menschen nach ihren eigenen Vorstellungen leben können.

Sieh auf unsere Gemeinschaft, in der wir als Frauen mit vielfältigen Lebensentwürfen zusammenkommen.

Sieh auf ...

Gott, du hast alle Menschen guten Willens in deine Nachfolge berufen. Sieh auf deine Kirche, auf dass sich in ihr alle Gläubigen in ihrer Menschenwürde entfalten können. Darum bitten wir durch Jesus Christus, unseren Freund und Bruder. Amen.

Frauen und die Dienste und Ämter in der Kirche

Gott, du Quelle des Lebens, dein Sohn Jesus Christus hat sowohl Männer als auch Frauen in seine Jüngerschaft berufen. Zu dir rufen wir:

Stärke alle Getauften in ihrem Bemühen, dein Reich zu verwirklichen.

– Stille –

Alle: Du Quelle des Lebens, höre unseren Ruf.

Stärke alle Mitarbeiterinnen und Mitarbeiter in der Kirche, die die Schranken zwischen Klerus und Laien abbauen wollen.

Öffne den Bischöfen die Augen für Frauen, die Verletzungen durch den Ausschluss von den Weiheämtern erfahren.

Stärke die Frauen, die sich in den Gemeinden engagieren und durch Worte und Taten deine Botschaft leben.

Sei bei den Menschen, die von der Kirche enttäuscht sind und sich verbittert abgewandt haben.

Begleite unsere Frauengemeinschaft in ihrem Engagement für eine geschwisterliche Kirche.

Stärke ...

Gott, du Freundin und Begleiterin aller Frauen und Männer, erhöre unsere Bitten. Amen.

Chancengleichheit zwischen Frauen und Männern

Gott, dein Sohn Jesus Christus hat den Missbrauch der Macht von Menschen über andere Menschen radikal abgelehnt. Er hat uns vorgelebt, wie Frauen und Männer miteinander umgehen können, ohne einander zu unterdrücken. Wir bitten dich:

Für die Frauen, die in einer von Männern geprägten Arbeitswelt tätig sind: dass sie zu ihrem eigenen Stil finden.

– Stille –

Alle: Wir bitten dich, erhöre uns.

Für die Frauen, die Erwerbs- und Familienarbeit verbinden müssen, dass sie sich selbst darüber nicht verlieren.

Für die Frauen, die aufgrund ihres Geschlechts am Arbeitsplatz ungerecht behandelt werden, dass sie den Mut aufbringen, sich zu wehren.

Für die Frauen und Männer, die in ihren Familien nach einer Lösung für die Frage suchen, wie beide Partner erwerbstätig sein können, dass sie miteinander im Gespräch bleiben.

Für die Männer, die die Hälfte oder mehr der in ihrer Familie anfallenden Arbeit tun, dass sie zu einem neuen Selbstbewusstsein finden.

Für alle, die sich in der Politik für gleiche Chancen und Rechte von Männern und Frauen auf dem Arbeitsmarkt einsetzen: Segne ihr Bemühen.

Für alle Arbeitgebenden, denen die gleichberechtigte Behandlung von Frauen und Männern wichtig ist: Segne sie in diesem Anliegen.

Für ...

Gott, dir und Jesus unserem Bruder legen wir diese Menschen ans Herz und mit ihnen alle, an die wir besonders denken. Segne ihre Wege. Amen.

Frauen zwischen Familien- und Erwerbsarbeit

Gott, du hast deinen Sohn in einer Familie zur Welt kommen lassen. Für alle Familien und ihre Mitglieder bitten wir dich:

Sieh auf die jungen Paare, die vor der Gründung einer Familie stehen.

– Stille –

Alle: Wir bitten dich, erhöre uns.

Sieh auf die Familien, in denen es kriselt und die vor einer Trennung stehen.

Sieh auf die Familien, in denen nur ein Elternteil für die Kinder da ist und die es deshalb oft besonders schwer haben.

Sieh auf die Familien, in denen kranke Angehörige gepflegt werden.

Sieh auf die Frauen und Mütter in den Familien, die in der Doppelrolle von Erwerbs- und Familienarbeit stehen.

Sieh auf die Mütter und Väter, die sich zugunsten der Familie gegen ihre Erwerbstätigkeit entschieden haben.

Sieh auf die Menschen, die sich gezwungen sehen, auf eine Familie zu verzichten, weil ihr Beruf es nicht anders zulässt.

Sieh auf ...

Gott, unser Vater und unsere Mutter, bewahre alle Väter, Mütter und Kinder in deiner Liebe. Darum bitten wir durch deinen Sohn Jesus Christus, Amen.

Weltweite Benachteiligung von Frauen

Gott des Erbarmens, du hast dich besonders an die Armen und Unterdrückten gewandt. Wir leben in einer Welt, in der es wenigen Menschen wirtschaftlich sehr gut geht und viele am Rande des Existenzminimums leben müssen. Zu dir rufen wir:

Wir Menschen in den westlichen Ländern müssen nicht hungern. Es ist für uns selbstverständlich, dass wir ein Dach über dem Kopf haben:
Öffne unsere Augen, Gott des Erbarmens.

– Stille –

Alle: Öffne unsere Augen, Gott des Erbarmens.

Frauen sind überall auf der Welt in besonderem Maße von Armut und Benachteiligung betroffen:
Stärke sie, Gott des Erbarmens.

– Stille –

Alle: Stärke sie, Gott des Erbarmens.

Wir bitten für die Menschen, die sich für eine gerechte Wirtschaftsordnung in der Einen Welt einsetzen:
Stärke sie, Gott des Erbarmens.

– Stille –

Alle: Stärke sie, Gott des Erbarmens.

Arbeitgebende in den Entwicklungsländern bereichern sich, indem sie geringe Löhne zahlen und Frauen als billige Arbeitskräfte ausbeuten:
Erbarme dich, Gott des Erbarmens.

– Stille –

Alle: Erbarme dich, Gott des Erbarmens.

Wir bitten für uns, die wir uns als Verbraucherinnen in die Mechanismen der Ausbeutung von Frauen im Nord-Süd-Gefälle einbinden lassen. Gib, dass wir lernen können, mit offenen Augen durch die Welt zu gehen und Benachteiligungen zu sehen. Erbarme dich, Gott des Erbarmens.

– Stille –

Alle: Erbarme dich, Gott des Erbarmens.

Wir bitten für ...

– Stille –

Alle: Erbarme dich, Gott des Erbarmens.

Gott, dein Sohn Jesus Christus hat gesagt, eher gehe ein Kamel durch ein Nadelöhr, als dass ein Reicher in den Himmel komme. Stärke uns mit deiner Mahnung in der Solidarität mit den Armen und Benachteiligten und nimm uns gnädig auf. Amen.

Frauen in der „Einen Welt"

Du Schöpfergott hast die Erde als eine Einheit geschaffen. Wir begreifen immer mehr, dass wir nicht das Recht haben, diese Einheit zu teilen. Doch immer noch leben wir so, als ob es mehrere Welten geben könnte. Deshalb bitten wir dich:

Stärke uns in unserer Aufmerksamkeit für die Frauen in der „Einen Welt".

– Stille –

Alle: Gott, erhöre uns.

Stärke unser Bemühen, von Frauen in anderen Teilen der Welt zu lernen.

Stärke unsere Sensibilität, wenn wir mit Frauen anderer Kulturen in Kontakt kommen.

Stärke die Frauen, die, in ihrem täglichen Überlebenskampf aus ihrem Glauben an dich, immer wieder neue Zuversicht schöpfen.

Stärke unsere Kirche, auf dass in ihr die Letzten die Ersten werden.

Stärke ...

Gott des Lebens, wir glauben, dass dein Geist die Herzen der Menschen bewegt, die aufeinander zugehen. Sende auch uns diesen Geist der Offenheit und Verständigung. Amen.

Miteinander glauben

Guter Gott, du hast uns zur Gemeinschaft mit dir und untereinander gerufen. Mit deinem Sohn sind wir gemeinsam auf dem Weg. Zu dir rufen wir:

Sieh auf deine Kirche, in der wir die geschwisterliche Gemeinschaft oft nicht finden.

– Stille –

Alle: Guter Gott, wir bitten dich, erhöre uns.

Sieh auf die Christinnen und Christen, die mit ihrem persönlichen Glauben keinen Platz mehr für sich in der Kirche sehen.

Sieh auf die Bischöfe und Priester, die immer wieder neu zum Dialog herausgefordert sind.

Sieh auf die Frauen, die trotz vielfältiger Widerstände ihre eigene Art entdeckt haben, die Gemeinschaft mit dir zu feiern.

Sieh auf die Christinnen und Christen, die sich in unserer Kirche in einem verhärteten Konflikt befinden.

Sieh auf unsere Frauengruppe hier in St. ... , dass der Respekt und die gegenseitige Wertschätzung der persönlichen Glaubensgeschichten weiter wachse.

Sieh auf ...

Gott, wir glauben, dass du in unserer Mitte bist. Gib, dass wir eine Gemeinschaft werden, die deines Namens würdig ist. Amen.

Ökumene

Guter Gott, du willst deine Kirche als einen Leib mit vielen Gliedern. Doch wir Christinnen und Christen haben diesen Leib zerstückelt. Mühsam sind unsere Schritte zu einer neuen Einheit in deinem Geist. Wir bitten dich:

Für alle, die sich in den Gemeinden um die Ökumene bemühen.
Guter Gott, höre uns.

– Stille –

Alle: Guter Gott, höre uns.

Für alle, die sich um die Klärung der theologischen Unterschiede zwischen den Konfessionen bemühen.
Guter Gott, höre uns.

Für alle Christinnen und Christen, die sich mit den Angehörigen anderer Konfessionen schwer tun.
Guter Gott, höre uns.

Für die Menschen, die in den Religionskriegen getötet wurden.
Guter Gott, höre uns.

Für unsere Gemeinschaft, dass wir offen und interessiert auf die Angehörigen anderer Religionen und Konfessionen zugehen können.
Guter Gott, höre uns.

Für ...

Guter Gott, wir glauben, dass alle Menschen auf dem Weg zu dir sind. Gib, dass wir immer mehr erkennen, dass es viele unterschiedliche Wege zu dir gibt. Darum bitten wir durch deinen Sohn Jesus Christus. Amen.

Verbindung von Glauben und Alltag

Gott unseres Lebens, wir bemühen uns darum, auch in unserem Alltag mit dir in Kontakt zu sein. In unserem Umfeld spielt der Glaube an dich jedoch kaum eine Rolle. Um so mehr fühlen wir uns dazu gerufen, das Geheimnis deiner Gegenwart zu bezeugen. Wir wollen Fürbitte halten:

Für die Menschen, die Gott in ihrem Leben suchen.

– *Stille* –

Alle: Gott unseres Lebens, komm ihnen entgegen.

Für die Menschen, die ihren Glauben und ihr Leben nicht mehr in Einklang bringen können.

Für die Menschen, die nicht an Gott glauben können und haltlos sind.

Für die Menschen, für die der Verlust alter kirchlicher Traditionen sehr schmerzvoll ist.

Für die Menschen, die verspottet werden, weil sie sich öffentlich zu ihrem Glauben bekennen.

Für unsere Gemeinschaft, die sich um die Verbindung von spirituellem Leben und politischem Handeln bemüht. Gott unseres Lebens, komm uns entgegen.

Für ...

Lebendiger Gott, wir glauben, dass du uns auf allen Wegen unseres Lebens begleitest. Zeige uns deine Gegenwart jetzt und immer. Amen.

Kirche braucht Glaubwürdigkeit

Heiliger Gott, du hast den Menschen geboten, einander zu lieben. Dein eigener Sohn ist für diese Liebe in den Tod gegangen. Zu dir rufen wir:

Steh uns bei, wenn wir versucht sind, unsere Überzeugung zugunsten unseres Vorteils zu verraten.

– Stille –

Alle: Wir bitten dich, erhöre uns.

Stärke unsere Aufmerksamkeit dafür, ob unser Handeln unserem Glauben an dich entspricht.

Sieh auf deine Kirche, dass sie in ihrer Glaubwürdigkeit ein leuchtendes Beispiel für alle Menschen werde.

Erbarme dich aller, deren Vertrauen auf Glaubwürdigkeit enttäuscht wurde.

Vergib uns, wenn wir durch unglaubwürdiges Handeln das Kommen deines Reiches verzögern.

Hilf uns …

Gott, du bist gerecht und barmherzig zugleich. Schenke uns den Geist deiner Liebe. Amen.

Benachteiligte in Kirche und Gesellschaft

Gott, unsere Freundin, in deinem Sohn sind die Menschen deiner Liebe begegnet. Du nimmst alle, die zu dir kommen, vorbehaltlos an. Dich bitten wir: Gott, unsere Freundin, erbarme dich.

Für obdachlose Menschen, die in unserem reichen Land am Rande leben.

– Stille –

Alle: Gott, unsere Freundin, erbarme dich.

Für psychisch kranke Menschen, deren Leiden nur hinter Klinikmauern stattfinden darf.

Für die versteckten Armen, die sich ihrer Bedürftigkeit schämen.

Für die Asylbewerberinnen und -bewerber, von denen manche unter unmenschlichen Bedingungen wohnen müssen.

Für die Kinder in sozial schwachen Familien, die besonders unter der Armut leiden.

Für uns, dass es uns immer mehr gelingen möge, die Benachteiligten in unserem Land und unserer Welt mit deinen Augen der Liebe zu sehen und sie als Menschen zu achten.

Für …

„Was willst du, dass ich dir tue?", hat Jesus den blinden Bartimäus gefragt. Gib, dass wir von ihm diesen Respekt und die Liebe gegenüber unseren Mitmenschen lernen können. Amen.

Bewahrung der Schöpfung

S chöpfergott, du hast uns die Erde und alles Leben anvertraut. Doch statt verantwortungsvoll mit deiner Schöpfung umzugehen, beuten wir sie aus. Selbst menschliches Leben wird bereits unter künstlichen Bedingungen weitergegeben. Dich, unseren Schöpfer, bitten wir:

Für die Menschen, die sich für die Bewahrung der Schöpfung einsetzen und dabei manchmal sogar ihr Leben und ihre Gesundheit riskieren.

– Stille –

Alle: Schöpfergott, steh ihnen bei.

Für die Menschen, die unter der Vergiftung ihrer Umwelt leiden.

Für die Menschen in den Entwicklungsländern, die keine andere Möglichkeit sehen als die Natur auszubeuten, um ihren Lebensunterhalt zu verdienen.

Für die Politiker, die durch ihre Entscheidungen besondere Verantwortung für den Schutz der Umwelt übernehmen.

Für die Paare, die vor der Gewissensentscheidung stehen, eine pränatale Diagnostik an ihrem ungeborenen Kind vornehmen zu lassen.

Für uns alle, die wir uns um die Bewahrung der Schöpfung sorgen und gleichzeitig teilhaben an der Vernichtung unserer Lebensgrundlagen. Schöpfergott, steh uns bei.

Für ...

Gott, du Quelle des Lebens, schau auf uns und deine leidende Schöpfung. Steh uns bei in unserem Bemühen, sie zu bewahren und das Leben zu schützen. Darum bitten wir dich durch Jesus Christus, deinen Sohn. Amen.

Positive Gestaltung von Macht

Allmächtiger Gott, du hast uns in deinem Sohn gezeigt, wie ein Mensch zum Wohl der anderen mit der ihm gegebenen Macht umgehen kann. Dich bitten wir:

Um die Gabe der Unterscheidung der Geister für alle, die Machtausübung mit Manipulation verwechseln.

– Stille –

Alle: Herr, nimm unser Gebet an.

Um Stärkung aller Frauen, die in einer Leitungsposition stehen und mit der ihnen gegebenen Macht verantwortungsvoll umgehen wollen.

Um die Einsicht der Verantwortungsträger, dass Macht in Gesellschaft, Wirtschaft und Kirche zwischen Frauen und Männern gerecht verteilt werden muss.

Um Kraft für alle Frauen, die sich damit schwer tun, in Familie, Ehrenamt oder Beruf machtvoll zu handeln.

Um die rechte Sprache, wenn wir als Frauengemeinschaft die den Frauen zustehende Macht in Kirche und Gesellschaft einfordern.

Um ...

Guter Gott, wir wissen uns getragen von deiner Liebe, die alle Macht der Welt übersteigt. Gib, dass wir in dem Geist dieser Liebe wachsen und die uns verliehene Macht und Verantwortung nur so und nicht anders gebrauchen. Amen.

Gewalt gegen Frauen

Jesus Christus, du unser Weggefährte, hast jegliche Form von Gewalt abgelehnt und bist dennoch einen gewaltsamen und grausamen Tod gestorben. Dich wissen wir an der Seite der Frauen, die Gewalt erleiden müssen. Deshalb rufen wir zu dir:

Mädchen und Jungen werden von ihren Eltern geschlagen oder missbraucht.

– Stille –

Alle: Christus, höre unser Rufen.

Frauen werden von ihren Ehemännern geschlagen und vergewaltigt.

Frauen werden verkauft wie eine Ware. Ihre Menschenwürde wird mit Füßen getreten.

Gewalt gegen Frauen wird teilweise übersehen und geleugnet. So werden die Opfer zum Schweigen gebracht und die Spirale der Gewalt setzt sich fort.

Gewalt gegen Frauen ist so vielfältig. Durch diskriminierende Sprache und strukturelle Ungerechtigkeit wächst die Gefahr, dass Frauen auch körperlicher Gewalt ausgesetzt werden.

Auch in unserer Gemeinschaft gibt es Gewalt gegeneinander, wenn wir einander daran hindern, unsere Begabungen und Neigungen frei zu entfalten.

Gewalt ...

Jesus Christus, du hast die Würde auch der Frauen geachtet und Gewalt gegen sie nicht geduldet. Dein Vater ist uns ein zärtlicher Gott. Sei bei uns, wenn wir für ein gewaltfreies Miteinander in unserer Gesellschaft und Kirche einstehen. Amen.

„Ich habe mein Herz ausgeschüttet vor Gott …"

(1 Sam 1,15b)

Anja Künzel

Frauen in der Geschichte Israels

Fürbitten zu Bibelstellen, in denen Frauen eine Rolle spielen, betrachten das Leben von Frauen des Alten Bundes wie Ester und Mirjam, oder Frauengestalten des Neuen Bundes wie sie uns zum Beispiel im Gleichnis von der verlorenen Drachme begegnen (Lk 15, 8-10).

Die Bibelstellen sind jeweils mit einem Stichwort verbunden, zum Beispiel – Gen 1, 26-27: Menschenwürde, das auch inhaltlich die Fürbitten bestimmt. Diese „Überschriften" können als Anregung für das Thema eines Gottesdienstes genommen werden. Die Fürbitten sind allerdings so formuliert, dass sie auch zu anderen Themen passen.

Die Einleitung vor den eigentlichen Fürbitttexten deutet die jeweilige Bibelstelle aus und kann auch eine Hilfe bei der inhaltlichen Gestaltung des Gottesdienstes sein. Sie gehört jedoch nicht zum Fürbittgebet und sollte daher im Gottesdienst nicht vor den Fürbitten verlesen werden, wie etwa die Einleitung zur Lesung im Lektionar.

Wie in den beiden vorangegangenen Teilen ist die jeweils letzte Bitte offengelassen und lädt zur eigenen Gestaltung ein.

Begegnung mit Evas Schwestern im Alten Testament

Die Erschaffung des Menschen (Gen 1, 26-27)
– Menschenwürde –

„… als Mann und Frau schuf er sie." *Der Schöpfungsbericht führt die Würde des Menschen auf seine Erschaffung als Gottes Ebenbild zurück. In dieser einen Würde sind Menschen aufeinander verwiesen – als Männer und Frauen.*

Gott, am Anfang der Erschaffung der Welt schufst du uns als freie Menschen und gabst uns die Würde, uns Kinder Gottes nennen zu dürfen:
Wir rufen zu dir: Vater, schenke uns immer neu deine Liebe.

Du hast dir den Menschen als ein Gegenüber geschaffen:
Hilf uns, mit der Würde und Freiheit umzugehen, die du uns schenkst, damit Dankbarkeit immer mehr Raum in unserem Leben gewinnt.

– Stille –

Alle: Vater, schenke uns immer neu deine Liebe.

Du wolltest, dass der Mensch die Krönung der Schöpfung sei:
Hilf uns Menschen, vor allem uns selbst zu beherrschen, statt über die Schöpfung in ausbeuterischer und zerstörerischer Weise zu herrschen.

Du hast uns zu Partnerinnen und Partnern deiner Schöpfung gemacht:
Hilf uns Menschen, die Güter der Erde verantwortlicher zu verteilen und mit den ärmeren Ländern nach gerechten Lösungen zu suchen.

Du hast den Menschen als Mann und Frau erschaffen:
Hilf unseren modernen Gesellschaften, die Ebenbürtigkeit der Geschlechter in ihren verschiedenen Gaben für Gesellschaft und Kirche zu würdigen und diese im Berufs- und Privatleben zuzulassen.

Du hast dir ein vollkommenes Bild vom Menschen gemacht:
Hilf, dass die vielen Bilder, die Menschen sich von dir gemacht haben, durchsichtig bleiben für die Art und Weise, wie du jedem Menschen, Mann und Frau, begegnen willst.

Du hast ...

Vater, mit allen Kreaturen hast du uns geschaffen. Wir wollen dir mit unseren Gaben und Fähigkeiten Freude machen. Deine Kinder sind wir, heute und alle Tage bis in Ewigkeit. Amen.

Die Kindheit Mose (Ex 2, 1-10)
– Ausgesetztheit –

„Die Frau nahm das Kind zu sich und stillte es." Wie vielen Kindern geht es heute ähnlich: den schwierigsten Situationen in der Kindheit ausgesetzt inmitten einer bei uns tendenziell kinderfeindlichen Umgebung, andauernd bedroht von der Frage danach, was „lebenswertes Leben" ist und wie der Lebensbeginn des Menschen überhaupt zu definieren sei. Die Frauen, die uns hier begegnen – die Schwester, die Tochter des Pharao, die Dienerinnen, die Mutter – finden auf ihre Weise alle einen gemeinsamen Weg, um die Ausgesetztheit des Kindes mit Liebe und Fürsorge zu überwinden.

Jesus, du liebst die Kinder so sehr, dass du sie zum Maßstab des Reiches Gottes machst. Darum rufen wir: Wir bitten dich, erhöre uns.

Für alle Kinder in Heimen, Tagesstätten und Kinderhorten:
Segne sie und ihre Erzieherinnen und Erzieher.

> – Stille –

> Alle: Wir bitten dich, erhöre uns.

Für alle Hebammen:
Segne sie in ihrem Dienst am Leben.

Für alle, denen ihre Kinder oder Eltern durch Krieg oder Verfolgung gewaltsam entrissen wurden:
Segne sie in ihrer Trauer.

Für alle, die ein Kind adoptieren möchten:
Segne sie auf ihrem Weg.

Für alle Mütter und Väter, die die Abtreibung eines Kindes planen oder die Möglichkeit der so genannten „Babyklappen" erwägen:
Segne sie durch deinen Geist.

Für …

Jesus Christus, hilf uns in dieser Zeit, die Anliegen und Rechte der Kleinsten und Schwächsten auf der Erde, der Kinder, zu verteidigen. Denn du bist ein Freund des Lebens. Der du lebst und uns liebst in Ewigkeit. Amen.

Schön bist du, meine Freundin (Hld 4)
– Plädoyer für die Liebenden –

Dietrich Bonhoeffer schrieb 1944 in einem Brief aus dem Gefängnis: „Über das Hohelied schreibe ich Dir nach Italien. Ich möchte es tatsächlich als irdisches Liebeslied lesen. Das ist wahrscheinlich die beste ‚christologische' Auslegung". Lange wurde das Hohelied der Liebe nur als allegorische Deutung verstanden. Jedoch zeugt es von Reichtum und Schönheit menschlicher Sexualität und kann damit eine Aufforderung darstellen, dieser mit Unbefangenheit zu begegnen und die innere Verbindung zum christlichen Horizont der Liebe zu suchen.

Gott, du hast uns Menschen die Sexualität als einen herrlichen, besonderen Reichtum unseres Lebens geschenkt. Wir suchen danach, wie wir sie so leben können, dass du deine Freude an uns hast und rufen zu dir: Hilf uns, zu lieben.

Gott, viele Menschen haben Angst vor ihrer Freiheit, sie schämen sich ihrer Gefühle und verbannen sie aus der Öffentlichkeit in die private Intimität: Hilf uns allen zu einem guten und gesunden Umgang mit unserer Sexualität.

– Stille –

Alle: Hilf uns, zu lieben.

Gott, viele Menschen wünschen sich eine dauerhafte Beziehung zu einem anderen Menschen:
Hilf, dass Ehe und Partnerschaft ihre Bedeutsamkeit für die gesamte Gesellschaft nicht verlieren und lass uns selber erkennen, welchen Beitrag unsere Gemeinde dazu beisteuern kann.

Gott, wir sind schnell dabei, menschliche Beziehungsverhältnisse zu verurteilen, sobald sie nicht ganz unserem Denken, der allgemeinen Norm oder der Konvention entsprechen:
Hilf uns, immer auch tiefer zu sehen und schenke uns selbst eine hilfsbereite und aufmerksame Liebe.

Gott, gerade junge Menschen stehen in Gefahr, ihre Vorstellungen von Liebe den durch die Medien propagierten Bildern und Stimmen zu unterwerfen:
Hilf ihnen und uns, das Wesen wirklicher Liebe zu erkennen, die das Glück und den Lebensanspruch des anderen will und ihn nicht nach Lust und Laune jederzeit wieder aufzugeben bereit ist.

Gott, die Sexualmoral der katholischen Kirche stößt viele Menschen ab und hinterlässt sie im Unverständnis:
Zeige uns Wege auf, wie wir die christliche Sicht menschlicher Sexualität vermitteln können, ohne vor den Kopf zu stoßen oder die Wahrheit zu verwässern.

Gott, viele Menschen beginnen heute im Alter noch eine neue Partnerschaft:
Hilf, dass die Liebe, die sie erfahren und die sie schenken, sie hinführt auf den Weg zu dir.

Gott, ...

Gott, nimm uns die Angst vor der Macht der Liebe: Sie will uns uns selbst entlocken, zum Aufbruch treiben, und uns in die Ganzheit von Leib und Seele führen. Hilf uns, uns deiner Liebe immer mehr zu öffnen, denn bei dir hat alle menschliche Liebe ihren Ursprung. Amen.

Debora (Ri 4, 4-10)
– Macht –

Mitte des 12. Jahrhunderts vor Christus führten und regierten so genannte „Richter" das Volk Israel und retteten es aus Gefahren. Debora ist als einzige weibliche Richterin bekannt und tritt als machtvolle, selbstbewusste und entschlusskräftige Frau in der damaligen Zeit auf.

Gott, unser Vater, auch in der heutigen Zeit befähigst du Frauen, kompetent und einflussreich in Kirche und Gesellschaft Verantwortung zu übernehmen.
Wir rufen zu dir: Allmächtiger Gott, erhöre uns.

Für die Mächtigen in der Welt,
dass sie ihre Macht in rechter Weise gebrauchen und ihr Wissen und ihren Einfluss nicht gegen, sondern für andere einsetzen:
Allmächtiger Gott, erhöre uns.

– *Stille* –

Alle: Allmächtiger Gott, erhöre uns.

Für die Frauen, die in der zweiten Reihe stehen,
dass sie den Mut zum Machtgebrauch in Verantwortung finden und in Konflikten und Konkurrenzsituationen selbstbewusst handeln.

Für alle Kinder und Jugendlichen,
dass sie Vorbilder, Erzieher und Begleiter finden, die ihnen gut sind, das Richtige raten und ihnen helfen, ihre Gaben zu entfalten.

Für alle Völker und Stämme in Zwistigkeiten,
dass Vermittler für Gerechtigkeit und Frieden eintreten und das Leiden Unschuldiger aufhalten können.

Für unsere Gemeinde und die ganze Kirche,
dass wir erkennen, wohin du uns in dieser Zeit stellen willst und wir den Mut haben, unsere je eigene Berufung aus deinem Geist zu leben.

Für …

Wir preisen dich, Vater, denn du bist der Ursprung und Vollender aller menschlichen Kraft und Macht. Hilf uns, in deiner Vollmacht Gutes zu tun und ein Beispiel positiver Machtausübung in der Welt zu geben. Amen.

Frau Weisheit (Spr 8, 12.22-31. 33-36)
– Frieden, Gerechtigkeit und Bewahrung der Schöpfung –

„Ich war dabei, als er den Himmel erstellte ..." *Die Weisheit erscheint im Buch der Sprüche als Frau, die lehrt und predigt. Schon vor der Schöpfung war sie bei Gott, und er schuf Himmel und Erde durch sie. Gottes Weisheit ist Leben für die Welt: Wer sich an ihr orientiert, hat das Leben.*

Gott, mit Weisheit hast du Himmel, Erde und Kosmos, Menschen, Tiere und Pflanzen geschaffen. Wir rufen dich an als den Schöpfer der Welt, der das Leben will: Erhöre uns, Schöpfergott.

Hilf allen Menschen guten Willens, die Schönheit und verborgene Weisheit der Schöpfung wahrzunehmen.

– Stille –

Alle: Erhöre uns, Schöpfergott.

Bewahre alle Verantwortlichen in Regierung, Wissenschaft und Forschung vor eigenmächtigem und verantwortungslosem Eingreifen in die Prozesse der Schöpfung.

Stehe den künstlerisch Tätigen in ihrer gesellschaftlich oft nicht wertgeschätzten Arbeit bei und hilf ihnen, mit ihrem schöpferischen Ausdruck zur Verständigung in der Welt beizutragen.

Mache uns bereit, zu Rücksichtnahme und Einfachheit im alltäglichen Leben zurückzukehren, damit sich auch die Generationen nach uns noch an der Schöpfung freuen können.

Gib den Frauen unserer Zeit ein positives Bewusstsein ihrer Gaben als Frauen, auch dort, wo diese im Alltag keine Wertschätzung erfahren.

Lindere die Not aller von Hunger, Not, Krieg und Existenzangst gepeinigten Menschen und hilf uns zu helfen, wo es uns möglich ist.

Hilf den jungen Menschen, in Jesus Christus deine menschgewordene Weisheit zu erkennen.

Gib den ...

In deiner Weisheit, Gott, willst du uns vom Tod zum Leben, von der Falschheit zur Wahrheit, von der Verzweiflung zur Hoffnung, von der Angst zum Trost führen. Erfülle uns mit deiner Weisheit, die uns zu Menschen des Friedens und der Gerechtigkeit macht. Der du lebst und deine Schöpfung liebst. Amen.

Ester (Est 4, 17k-17z)
– Vertrauen –

„Befrei mich von meinen Ängsten …". Die jüdische Königin Ester setzt ihr ganzes Vertrauen auf Gott, als ihr Volk in größter Todesgefahr schwebt. Ester darf erfahren, dass Gott, der ihr Gebet hört, zu seinem Volke steht und es befreit.

Gott, du achtest auf uns wie auf deinen Augapfel. Wir sind dir wichtig. Du hörst unser Gebet, wenn wir rufen: Wir vertrauen auf dich, Gott unseres Heils.

Wenn uns der Mut zu leben verlässt.

– Stille –

Alle: Wir vertrauen auf dich, Gott unseres Heils.

Wenn Not und Verzweiflung uns niederdrücken.

Wenn Einsamkeit und Todesangst uns das Licht nicht mehr erkennen lassen.

Wenn wir durch schlechte Erfahrungen vergessen haben, wie sehr du uns liebst.

Wenn wir nach Sinn und Orientierung für den nächsten Schritt im Leben suchen.

Wenn es uns schwer fällt, an dem Ort, wo wir stehen, unseren Glauben an dich zu leben.

Wenn wir in aller Angefochtenheit deine Gegenwart mitten in unserem Leben nicht erkennen.

Wenn …

Gott, wenn alles uns verlässt – du verlässt uns nie. Du bist der einzige und wahre Grund unserer Freude im Leben. Befreie uns von allem, was uns auf dem Weg zu dir das Vertrauen nehmen will. Du, auf den wir unser Vertrauen jetzt ganz setzen wollen, stärke uns. Amen.

Hanna (1 Sam 1,1-28)
– Gebet –

„Hanna empfing … Sie gab ihm den Namen Samuel", denn, so sagte sie
„ich habe ihn vom Herrn erbeten." In ihrem Leid der Kinderlosigkeit erlebt
Hanna („Gott ist Gnade") Gottes Trost, Ernstnahme und Gnade. Ihr instän-
diges Gebet findet Erhörung, und ihrerseits gibt sie Gott als Antwort alles
hin, was sie hat.

Gott, Hanna hat erfahren, dass du unser Beten hörst, und dass du es zur Zeit und mit Weisheit erhörst. Darum rufen wir zu dir: Allein deine Gnade genügt.

Wenn heute viele Menschen meinen, mit dir nicht mehr sprechen zu können, dann wollen wir zu dir rufen und beten:

– Stille –

Alle: Allein deine Gnade genügt.

Wenn wir in seelischer Not sind, gekränkt, beleidigt, verbittert oder verwundet in unserem Innern, dann wollen wir zu dir rufen und beten:

Wenn Menschen in unserer Gemeinde oder in unserer Verwandtschaft miteinander zerstritten sind und wir keinen Weg der Verständigung mehr finden, dann wollen wir zu dir rufen und beten:

Wenn Eltern mit ihren Kindern nicht mehr zurechtkommen und sie als Last empfinden, dann wollen wir zu dir rufen und beten:

Wenn Liebende angesichts gesellschaftlich vorgeschriebener Werte wie Fitness, Spaß, Erfolg und Geld die Besinnung auf das Wesentliche ihrer Beziehung verlieren, dann wollen wir zu dir rufen und beten:

Wenn Wissenschaft und Regierungen in Gentechnik und Euthanasiegesetzen sich selbst zu Schöpfern des Menschen aufspielen, dann wollen wir zu dir rufen und beten:

Wenn die Dankbarkeit für das geschenkte Selbstverständliche im Leben abnimmt und die Gottvergessenheit in unserem Land zunimmt, wollen wir zu dir rufen und beten:

Wenn ...

Viel vermag das Gebet des Gerechten: Gott, wenn wir mit ganzem, versöhntem und dankbarem Herzen zu dir rufen, wendest du dich nicht ab. Du nimmst dich unserer Anliegen an und erreichst auch die tiefste Tiefe des Menschen. Deshalb preisen wir deine Gnade über unserem Leben, durch Christus, unseren Herrn. Amen.

Judits Lobgesang (Jdt 16, 1-17)
– Die „Waffen" einer Frau –

„... durch die Hand einer Frau". Die fromme Witwe Judit setzt – gesetzes-
treu und gottergeben – ihr eigenes Leben mutig für die Befreiung ihres
Volkes ein. Ihre persönlichen Gaben und Stärken sind ihre „Waffen", die
deutlich werden lassen, wie Menschen in der Situation der Bedrängnis und
Krise Gottes Hilfe erfahren können: in der bedingungslosen Umkehr zu und
im Vertrauen auf Gott allein.

Gott, jedem Menschen hast du bestimmte Gaben, aber auch Eigenhei-
ten und Charaktermerkmale gegeben. Mit dem, was du jeder und
jedem von uns geschenkt hast, wollen wir in Judits Lobgesang einstimmen:
Wir rühmen deinen Namen, wir rufen zu dir.

Wir wollen mit Entschiedenheit und Unerschrockenheit das je Notwendige
angehen.

– Stille –

Alle: Wir rühmen deinen Namen, wir rufen zu dir.

Wir wollen wachsam, beherzt und mit Willensstärke der Versuchung ent-
gegnen, Halbheiten und falsche Kompromisse in unserem Leben zuzulassen.

Wir wollen mit einer echten Liebe den Menschen begegnen, die du uns im
Leben anvertraut hast.

Wir sehnen uns danach, die Klugheit und Weisheit deines Wortes in unser
Leben umzusetzen.

Wir möchten Menschen sein, die anderen auch in schwierigen Situationen
eine Brücke des Entgegenkommens bauen.

Wir danken dir für alle Frauen und Männer, die beruflich und privat in verantwortlichen Positionen ein Zeugnis des Glaubens geben.

Wir …

Gott, wir wollen unsere Talente als Frauen und Männer zu deiner Ehre so gebrauchen, dass wir sie nicht als Waffen gegeneinander einsetzen. Denn du willst aus Schwertern Pflugscharen machen, die deinem Frieden den Weg ebnen. Sende uns deinen Geist und mache uns zu deinen Mitarbeiterinnen und Mitarbeitern. Amen.

Mirjam (Ex 15, 1-3. 11-13. 18. 19-21)
– Angstbewältigung –

„Singt dem Herrn ein Lied, denn er ist hoch erhaben, Rosse und Wagen warf er ins Meer." Moses Schwester Mirjam deutet ihrem Volk die Flucht aus Ägypten und den Durchzug durch das Rote Meer als Gottes Tat. Sie verhält sich beispiellos in der angstvollen Aufbruchssituation. Durch Musik und Tanz verhilft sie sich und allen anderen zum Ausdruck und dadurch zur Bewältigung der emotional hohen Belastung. Angst muss nicht überwältigen, sie wird vielmehr entmachtet und besiegt durch den Aufbruch.

Vater der Armen, der Ängstlichen, der Belasteten, der Unterdrückten und ihrer Würde Beraubten, weil du uns einen Weg aus der Angst zeigst, rufen wir zu dir: Herr, befreie uns.

Aus persönlicher Not und Verwirrung:

– *Stille* –

Alle: Herr, befreie uns.

Von der Gottferne unserer Zeit:

Von der Angst um unser eigenes Leben und Sterben:

Vom Verharren in alten Verhaltensmustern:

Aus der Bequemlichkeit unseres angepassten Lebens:

Von der Fantasie- und Freudlosigkeit im Glauben:

Von physischem und psychischem Missbrauch unter den Menschen:

Von ...

Vater im Himmel, wie du Mirjam die Kraft schenktest, die Angst eines ganzen Volkes zum Ausdruck zu bringen und zu bewältigen, so hilf auch uns, aus den Angstsituationen unseres Lebens aufzubrechen und dir unser eigenes Lied zu singen. Darum bitten wir durch Christus, unseren Herrn. Amen.

Rut und Noomi (Rut 1,1-18. 22; 6-17 Kurzfassung)
– Treue –

„Denn wo du hingehst, will auch ich hingehen; wo du weilst, will auch ich weilen ... dein Gott ist mein Gott ...". Rut muss eine ordentliche Portion Glauben gehabt haben, um mit ihrer Schwiegermutter Noomi in das für sie fremde Land Juda aufzubrechen! Gott selbst bestätigt ihr Tun: Er segnet sie auf ihrem Weg und schenkt ihr und ihrer Schwiegermutter nach vielem Leid eine neue Familie. So spiegelt die Treue und Güte der beiden Frauen Rut und Noomi Gottes Treue und Güte auch durch schwere Zeiten wider.

Lasst uns beten zu Gott, der uns immer die Treue hält. Durch ihn bekommt unser Leben Sinn und Erfüllung. Getreuer Gott, höre unser Gebet!

Für das Zusammenleben in den heutigen Familien, in denen oft Glieder verschiedenster Partnerschaften und Generationen aufeinander treffen; für alle nichtkirchlich verbundenen Paare, und für alle so genannten „Lebensabschnittspartnerschaften":
Um Güte, Treue und Verständnis im täglichen Miteinander.

– *Stille* –

Alle. Getreuer Gott, höre unser Gebet.

Für die Menschen fremden Glaubens, fremder Kulturen und Nationen in unserem Land:
dass sie sich in Deutschland wohl fühlen können und Zeichen der Gastfreundschaft und des Entgegenkommens erfahren.

Für alle alten, einsamen oder allein gelassenen Menschen:
Um Zuversicht und Hoffnung für ihre Situation und um Menschen, die ihnen beistehen.

Für alle Frauen und Männer, die auf der Suche nach ihrer Berufung und dem Ort ihres Lebens sind:
Schenke ihnen Wegweisung und Hilfe.

Für alle wegen Arbeitslosigkeit oder politischer Verfolgung zur Auswanderung Gezwungenen:
Um gerechte Löhne und Arbeitsverhältnisse, um Schutz und Geborgenheit am Ort ihrer Zuflucht.

Für alle durch Kriegseinwirkungen und Naturkatastrophen betroffenen Menschen:
Tröste sie in ihrer Not.

Für unsere Gemeinde:
Hilf uns, die Treue zu deinem Wort zu bewahren und als Schwestern und Brüder zueinander zu stehen.

Für …

Gott, du selbst bist uns ein Freund, eine Freundin, Schwestcr, Mutter, Ralgeberin. Du lässt uns niemals im Stich. Hilf uns, uns konsequent und fantasievoll einzusetzen, wo du uns hinstellst. Darum bitten wir dich im Heiligen Geist durch Jesus Christus, deinen Sohn, der mit dir lebt und uns liebt, jetzt und in Ewigkeit. Amen.

Sara und Hagar (Gen 16, 1-15; Gen 21, 1-3. 9-21)
– Konkurrenz –

„Da sagte Sara zu Abraham: Verstoß diese Magd und ihren Sohn! Denn der Sohn dieser Magd soll nicht mit meinem Sohn Isaak Erbe sein." Sara und Hagar – zwei Frauen, die sich einst freundschaftlich zugetan waren. Um die zukünftigen Besitz- und Erbverhältnisse für ihre Söhne Isaak und Ismael streiten sie, verfolgen und hassen einander. Auch ein Mann wie Abraham weiß da keinen Rat. Gottes Ratschluss allein hält die Lösung bereit: beiden Frauen und ihren Kindern ist er zugetan, und beide erhalten die Verheißung von Nachkommenschaft. Gottes Liebe gilt beiden, der einen wie der anderen.

Gott, wir denken an die Menschen, die heutzutage aus Angst um Zukunft und Heimat aneinander zerren und sich gegenseitig bekämpfen, und so zu Tätern und Opfern werden.
So bitten wir dich: Schenke Frieden, Gott.

Wir bitten für die Ausländerinnen und Ausländer in unserem Land:
Schenke ihnen über ihre Arbeit hinaus Beheimatung und Unterstützung durch die Menschen in ihrem neuen Lebensraum.

– Stille –

Alle: Schenke Frieden, Gott.

Wir bitten für alle von ihren Partnern physisch oder psychisch unterdrückten Frauen:
Gib ihnen Mut und Kraft, sich von den Fesseln zerstörerischer Beziehungen zu befreien.

Wir bitten für alle Frauen und Kinder, die hierzulande und in vielen Ländern der so genannten Dritten Welt Opfer von sexuellem Missbrauch, von Prostitution und Sextourismus sind:
Hilf ihnen, ihre persönliche Würde und Identität wiederzufinden.

Wir bitten für alle Flüchtlinge in den verschiedenen Krisengebieten der Erde:
Schenke ihnen die Kraft, sich allen Widerwärtigkeiten zum Trotz eine neue
Existenz aufbauen zu können.

Wir bitten für alle Familien, in denen der Streit um Erb- und Besitzansprüche
lodert:
Schenke ihnen den Geist der Wahrhaftigkeit, Gerechtigkeit und Liebe.

Wir bitten für alle, die anderen Vorgesetzte, Erzieher oder Vormund sind:
Hilf ihnen, verantwortlich mit den ihnen anvertrauten Menschen umzugehen.

Wir bitten für alle Menschen, die in ihren Freundesbeziehungen den Respekt
und das Verständnis füreinander verloren haben:
Gib ihnen den Mut, einander zu vergeben und, wo es möglich ist, neu aufeinander zuzugehen.

Wir bitten für …

Gott, deine Liebe galt Sara wie auch Hagar. Du hast beiden Hoffnung auf
Zukunft gegeben. Weil alles, was wir haben und sind, von dir kommt, hof-
fen wir auch heute auf deine Gerechtigkeit und Liebe zu uns Menschen.
Amen.

Sara (Gen 18, 1-15)
– Lachen –

„Warum lacht Sara ...? Ist denn beim Herrn etwas unmöglich?" – Menschen lachen aus den verschiedensten Gründen: Es gibt das ungläubige, das verlegene, das höhnische ebenso wie das befreite, frohe, herzliche Lachen. Abrahams und Saras Lachen wandelt sich vom Unglauben, in hohem Alter Gottes Verheißung gemäß noch ein Kind zu bekommen, in das fassungslosfrohe Lachen, als sie ihren Sohn Isaak („Gott lacht") in Händen halten. Mit der Geburt Isaaks lacht Gott selbst als Letzter und wie die Geschichte zeigt – dem Sprichwort getreu – am längsten.

Allmächtiger Gott, alles ist denen möglich, die glauben. So bitten wir dich: Allmächtiger Gott, erhöre unsere Bitten.

Für alle Menschen, die an ihrem Lebensweg zweifeln:
Um Menschen und Ereignisse, die ihnen ihrer Berufung treu bleiben helfen.

– Stille –

Alle: Allmächtiger Gott, erhöre unsere Bitten.

Für alle Jugendlichen auf dem Weg in Ausbildung und Beruf:
Um einen kreativen Umgang mit ihren Möglichkeiten und Begabungen auch angesichts oft schwieriger gesellschaftlicher Zukunftsperspektiven.

Für alle Paare, die keine Kinder bekommen können:
Um Geduld und Zuversicht, und um die Fähigkeit, ihre Zukunftsplanung aus deinen Händen zu empfangen.

Für alle älteren Menschen:
Um Lebenslust, Kraft und Vertrauen in Zeiten abnehmender körperlicher Gesundheit und geringer werdender sozialer Kontakte.

Für alle Menschen, deren Sterbestunde nahe ist:
Um tiefen Glauben und die Hoffnung auf das Leben, das den irdischen Tod überdauert.

Für …

Allmächtiger Gott, wir wollen lernen von Herzen zu lachen, Freude zu schenken und Liebe weiterzugeben, denn darin teilen wir unseren Mitmenschen ein Zeichen deiner Nähe mit. Du selbst bist das Lachen, das kein Ende kennt, der du Hoffnung findest, wo keine Hoffnung mehr existiert und Wege öffnest, wo nichts mehr möglich erscheint. Hilf uns glauben, wie du Abraham und Sara geholfen hast, durch Christus, unseren Herrn. Amen.

Schifra und Pua (Ex 1, 15-21)
– Dem Leben dienen –

„Weil die Hebammen Gott fürchteten, schenkte er ihnen Kindersegen."
Schifra und Pua wirkten als Hebammen unter den Israeliten zur Zeit ihrer
Versklavung in Ägypten. Sie befolgten den Befehl des Pharao nicht, der sie
beauftragt hatte, alle neugeborenen Jungen unter den Israeliten zu töten,
damit dieses Volk nicht zu stark würde. Beide blieben sie ihrer Berufung
treu, dem Leben in Ehrfurcht vor dem Schöpfer entgegen aller politischen
und gesellschaftlichen Drangsal zu dienen.

Gott, unser Leben ist Geschenk, freies Geschenk deiner Gnade. Weil dieses Geschenk des Lebens heute so bedroht und der Willkür ausgesetzt ist, rufen wir zu dir: Schöpfer des Lebens, erbarme dich.

Für alle ungeborenen Kinder, deren Leben bedroht ist von sozialen, finanziellen und gesellschaftlichen Engpässen verschiedenster Art.

– *Stille* –

Alle: Schöpfer des Lebens, erbarme dich.

Für alle Kinder, die in ihren Familien schutzlos der verbalen, psychischen oder physischen Gewalt ausgesetzt sind.

Für alle Kinder, die in frühen Jahren ihre Eltern verloren haben.

Für alle Kinder, die im Straßenverkehr mit der fehlenden Rücksicht der Erwachsenen zurechtkommen müssen.

Für alle Kinder, die in den ärmeren Ländern der Welt viel zu früh arbeiten müssen und von Krankheiten bedroht sind.

Für alle Kinder, die von Erwachsenen durch Kinderprostitution missbraucht werden.

Für ...

Gott, du bist unser Vater. Unser Leben stammt von dir. Hilf unserer Gemeinde, als Anwalt des Lebens dem Leben zu dienen und den Menschen, denen wir begegnen zu helfen ein Leben aus dem Glauben zu leben. Denn du bist das Leben und hast dich aus Liebe verschenkt. Amen.

Ein Bußpsalm (Ps 51)
– Umkehr –

„Gott, sei mir gnädig nach deiner Huld, tilge meine Frevel nach deinem rei-
chen Erbarmen. "
Von den Bußpsalmen im Alten Testament können wir lernen, was Umkehr
bedeutet: weder Gleichgültigkeit gegenüber dem Bösen oder eigener
Schuld, noch zerstörerische Selbstanklage. Nur im Licht von Gottes reichem
Erbarmen können wir unsere Schuld richtig sehen.

Gott, in der Gewissheit deiner alles übersteigenden Liebe bitten wir
dich:

Für alle, die sich ihrer persönlichen Schuld nicht stellen wollen:
Schenke ihnen deinen befreienden Geist.

– Stille –

Alle: Schenke ihnen deinen befreienden Geist.

Für Eheleute und Paare, die einander untreu geworden sind:
Gib ihnen einen neuen, beständigen Geist.

Für Seelsorger und Psychologen, die Menschen in der Bewältigung ihrer Vergangenheit helfen:
Gib ihnen deinen heiligen Geist.

Für die Nationen, die an anderen Völkern schuldig geworden sind:
Gib ihnen den Geist der Umkehr.

Für unsere persönlichen Lebenssituationen, in die wir uns verstrickt haben:
Gib uns einen frohen Geist.

Für …

Im Vertrauen, dass du uns erneuerst und uns vergibst, kommen wir zu dir,
Vater des Erbarmens. Mache aus uns lebendige Zeichen deiner Liebe unter
den Menschen, dass andere Menschen durch uns die Befreiung deiner Vergebung kennen lernen. Durch Christus, unseren Bruder und Herrn. Amen.

Jesus und die Frauen im Neuen Testament

Christus anziehen (Gal 3, 26-28)
– Gleichberechtigung –

„... denn ihr alle seid >einer< in Christus Jesus". Christus wird mit einem Kleid verglichen, einer zweiten Haut quasi, die zu einem gehört und passt und insofern Teil der eigenen Identität geworden ist. Unter Christen kann es daher keine Rassen- oder Klassenunterscheidungen noch eine Hierarchie der Geschlechter geben.

Gott, wir alle sind deine Kinder, Frau oder Mann, Arm oder Reich, Schwarz oder Weiß, aus Nord oder Süd. Schenke uns den Geist der Gotteskindschaft, der die Verschiedenheit zwischen Menschen zu einen vermag. Wir bitten dich: Gib uns deinen Geist.

Gib unserer Gemeinde deinen Geist, damit wir die Trennung zwischen arm und reich, weiblich und männlich, angesehen und unbekannt, kinderreich und kinderlos, engagiert und zurückgezogen, jung und alt überwinden, teilen lernen und die Schönheit, gemeinsam unterwegs zu sein, neu entdecken: Gib uns deinen Geist.

– Stille –

Alle: Gib uns deinen Geist.

Gib allen Männern und Frauen in Ehe und Partnerschaft deinen Geist, dass sie einander ihre Verschiedenheit respektieren und entdecken lernen, statt sich voreilig zu trennen: Gib ihnen deinen Geist.

Gib dem Papst und allen Bischöfen deinen Geist: dass sie mit Klugheit und Weisheit gesellschaftlichen Tendenzen widerstehen, die alten, kranken, behinderten und sterbenden Menschen die Würde, bis zur letzten Sekunde zu leben, abstreiten. Gib ihnen deinen Geist.

Gib unserer Regierung deinen Geist,
dass sie mit Klarheit und Kraft allen links- und rechtsradikalen Bestrebungen, die ein friedliches Miteinander von Kulturen und Nationen gefährden, entgegenwirkt:
Gib ihr deinen Geist.

Ziehe allen Verstorbenen das Festkleid an, das sie nie mehr ausziehen müssen, und lass sie zusammen mit dir das Fest nie endender Freude feiern, Gib ihnen deinen Geist.

Gib …

Du lässt uns nicht allein. Wo immer wir Gefahr laufen, in unseren alten Kleidern stecken zu bleiben, da hole uns heraus und gib uns Mut, Christus als unser Kleid anzulegen. Amen.

Die Auferweckung der Tochter des Jairus (Mk 5, 21-24. 35-43) – Unsterblichkeit –

„Talita kum" – Mädchen, Junge, ich sage dir, steh auf! Möge Gott dies doch einmal zu jeder und jedem in ihrer/seiner Todesstunde sagen! Traue ich Gott den Sieg über meinen eigenen Tod zu? Jesus Christus hat alle Macht über Himmel und Erde, über Leben und Tod: DAS sollen wir glauben, und dieser Glaube ist das Ziel auch der Auferweckung der Tochter des Jairus (= „Er wird erwecken, erleuchten").

Jesus Christus, du bist voller Mitgefühl. Dem Tod hast du die Macht genommen und uns das Licht des Lebens gebracht. Wir rufen zu dir: Lass den Tod niemals siegen.

Für alle Menschen, die Leid und Schmerz als Gabe Gottes annehmen.

– *Stille* –

Alle: Lass den Tod niemals siegen.

Für jene, die sich ohne Aufhebens mit ihrem Leben, mit Zeit, Geld und Idealismus für andere einsetzen.

Für alle Familien, in deren Leben ein plötzlicher oder früher Kindstod einen tiefen Schnitt hinterlassen hat.

Für die Menschen unter uns, die in der Sorge um das diesseitige Leben stecken bleiben und die frohe Botschaft nicht in ihrem Alltag konkretisieren können.

Für alle Eltern, denen es schwer fällt, in der Erziehung ihren Kindern die Freiheit und Eigenständigkeit zuzugestehen, die für ihre Entwicklung nötig ist.

Für alle unsere Verstorbenen, die uns vorangegangen sind.

Für uns selbst: Wenn unsere Sterbestunde naht, berühre uns mit deiner Hand und führe uns zu dir nach Hause.

Für …

Jesus Christus, du willst uns aus allen todbringenden, lähmenden und das Leben erstickenden Verhältnissen befreien. Hilf uns immer wieder, auf die Beine zu kommen und unser Leben unter die Füße zu nehmen. Wir danken dir für dieses Leben, ewiges Gut aus deinen liebevollen Händen. Amen.

Die heidnische Frau (Mk 7, 24-30)
– Beharrliche Hoffnung –

„Auch die Hündlein unter dem Tisch fressen von den Brocken der Kinder".
Welch fast schon dreiste Schlagfertigkeit dieser Frau Jesus gegenüber! Aber
Krankheit nimmt keine Rücksicht auf Alter, Geschlecht oder Abstammung;
sie trifft Menschen aller nationalen, religiösen oder kulturellen Grenzzie-
hungen. Aus tiefer Not bittet die Frau Jesus deshalb so lange und beharr-
lich, bis an ihr geschieht, was sie erhofft: die Heilung ihrer Tochter.

Jesus, deine Liebe zum Menschen kennt keine Grenzen. Wie die Frau des Evangeliums wollen auch wir dich mit unerschütterlichem Mut bitten: Sei uns Zuflucht in aller Not.

Wir bringen vor dich alle Menschen, die in ihrem Leben Grenzziehungen erfahren: allein erziehende Mütter und Väter, Arbeitslose, Ausländer, Minderheiten, Andersdenkende.

– Stille –

Alle: Sei ihnen Zuflucht in aller Not.

Wir bringen vor dich die Menschen, deren gesundes Selbstbewusstsein in den frühen Tagen ihrer Kindheit mit Knüppeln geschlagen und verletzt wurde.

Wir bringen vor dich die vielen Orte auf der Erde, an denen sich Menschen verschiedener Nationen Kulturen und Religionen mit Unnachgiebigkeit und Härte die gegenseitige Versöhnung verweigern.

Wir bringen vor dich alle Kranken und Notleidenden, die sich nach echter Hilfe sehnen.

Wir bringen vor dich alle Sprachlosen, Entrechteten, Verfolgten, Einsamen, Verzweifelten und Geschändeten, die auf die Stimme anderer hoffen müssen.

Wir bringen vor dich deine Kirche in jener Einheit, die jetzt noch durch verschiedene Bekenntnisse und liturgische Traditionen getrennt ist.

Wir bringen vor dich …

Jesus, du zeigst uns den Weg zum wahren Leben. Wer zu dir kommt, bittet nicht umsonst, sondern erfährt deine Zuwendung und Hilfe. Wir möchten dafür danken, jetzt und alle Tage unseres Lebens. Amen.

Die verlorene Drachme (Lk 15, 8-10)
– Freude –

„So wird bei den Engeln Gottes Freude sein über einen einzigen Sünder, der umkehrt."
Das vorliegende Gleichnis ist eines von drei Beispielerzählungen in Lk 15 über das Erbarmen Gottes:
Gott freut sich über den Menschen, der sich von ihm finden lässt, so wie eine Frau, die einen Teil ihrer Mitgift verloren und schließlich wiedergefunden hat. Ihre Freude ist überschäumend!

Jesus, du bist unsere Freude. Und tatsächlich sind auch wir deine Freude, jederzeit, wenn wir zu dir kommen, und sei es auf dem Weg der Umkehr. Von dir können wir lernen, was wirkliche Herzensfreude ist und bitten: Jesus, öffne unser Herz für die Freude.

Lehre uns, uns mit anderen Menschen von Herzen zu freuen und diese Freude auch zu zeigen.

– *Stille* –

Alle: Jesus, öffne unser Herz für die Freude.

Hilf uns, umzukehren von Wegen, die uns und andere in die Irre leiten, uns ablenken und wegführen von dem, was gut ist.

Verwandle alle Nachlässigkeit unseres Lebens und schenke uns neue Begeisterung über die frohe Botschaft, dass du da bist und dich über uns freust.

Mache uns bereit, uns selbst und anderen das zu vergeben, was uns wie ein schwerer Stein daran hindert, in deine Freude einzustimmen.

Schaue auf die Menschen in Trauer, Depression und Angst.

Gib uns Achtsamkeit für Menschen und Situationen, denen nachzugehen und sie aufzusuchen wichtig wäre.

Schenke den Menschen Lichtblicke in ihren Tag, die wegen Arbeitslosigkeit, Armut, Mobbing, Einsamkeit oder Krankheit oft nicht viel Grund zur Freude haben.

Hilf …

Danke, dass du nicht aufhörst uns nachzugehen, wenn wir uns verirrt haben. Du bist gekommen, das Verlorene zu suchen und es heimzuholen zu dir. Deine Sorge um uns tröstet uns und entzündet von neuem die Liebe zu dir in unseren Herzen. Das wollen wir mit deiner Hilfe weitergeben, heute und alle Tage. Amen.

Die Ehebrecherin (Joh 8, 1-11)
– Schuld und Vergebung –

„Auch ich verurteile dich nicht. Geh und sündige von jetzt an nicht mehr!"
Jesu Reaktion auf die Frau, die des Ehebruchs überführt worden war,
erstaunt: Er relativiert nicht die Schuld der Frau, aber das Ausmaß der
Strafe, das die Leute, die sie zu ihm brachten, über ihr verhängen wollten:
die Todesstrafe der Steinigung, eine Strafe ohne Chance zur Umkehr, zum
Neuanfang. Jesus schenkt ihr diesen Neuanfang und überführt damit
gleichzeitig all jene, die sich zum Richter über andere aufspielen und, auf
das Gesetz pochend, keine Vergebung kennen.

Gott, niemand ist vor dir ohne Schuld. Du bist den Weg der Vergebung gegangen, indem du deinen eigenen Sohn für uns nicht verschont hast. Deshalb bitten wir dich: Höre unser Gebet, wenn wir zu dir rufen: Du Gott des Erbarmens, sieh auf uns.

Wir Menschen sind so schnell dabei, andere zu beschuldigen, ohne dass wir uns wirklich ein Urteil machen könnten. Du allein aber siehst, was im Herzen eines Menschen ist.

– *Stille* –

Alle: Du Gott des Erbarmens, sieh auf uns.

Du hast uns Menschen mit der Gabe des Gewissens die Möglichkeit gegeben, deine Stimme in unserem eigenen Innern zu vernehmen:
Schärfe unser Gewissen und mache uns fähig, zwischen den vielen Stimmen in uns und um uns zu unterscheiden, damit wir deine Wahrheit in Liebe leben.

Viele Frauen müssen an ihrem Arbeitsplatz und auch in ihren eigenen Familien mit dem Misstrauen und mit den Ängsten von Männern umgehen:
Hilf uns, dort, wo wir selbst stehen, Feindseligkeiten gegen und Diskriminierungen von Frauen zu erkennen und ihnen entschieden entgegenzutreten.

Hilf allen Männern und Frauen, die in Trennung oder Scheidung von einem Partner leben, ihre Trauer auszuhalten und zu überwinden:
Gib uns selbst, wo wir solchen Menschen begegnen, den Mut, zuzuhören und zu trösten.

Segne alle Paare, die in diesem Jahr im Sakrament der Ehe das Ja zueinander sagen:
Sei du ihr Weg, begleite sie und hilf ihnen, ihre Ehe aus dem Glauben an dich zu leben.

Schenke allen Menschen, die unter eigener oder fremder Schuld leiden, die Kraft zur Vergebung:
Öffne ihnen Augen, Ohren und Herz für deine unbegrenzte Liebe.

Erneuere in unserer Gemeinde das Sakrament der Buße:
Hilf, dass viele Menschen von neuem seine befreiende und heilende Kraft erfahren und gib uns allen den Mut, uns auch in unserem Versagen dir zuzuwenden.

Hilf …

Gott, in der Menschwerdung, im Leiden und in der Auferstehung deines Sohnes hast du uns den Weg zu dir geebnet. Denn du liebst zwar die Sünde nicht, aber den Sünder, und du willst, dass er lebt. Durch Jesus Christus schenkst du uns in aller Schuld immer wieder einen Neuanfang. Darum wollen wir dich loben und preisen, jetzt und alle Tage unseres Lebens. Amen.

Die Frau am Jakobsbrunnen (Joh 4, 5-42)
– Durst und Sehnsucht –

„Herr, gib mir dieses Wasser, damit ich keinen Durst mehr habe ..." so sagt
die Frau am Jakobsbrunnen in dieser Perikope zu Jesus. Sie ahnt wohl, dass
er ihr nicht nur Wasser für ihren körperlichen Durst geben kann, sondern
ihren tieferen „Durst": ihre Sehnsucht nach Annahme, nach Heimat, nach
wirklichem Frieden stillen kann.

Gott, du kennst die Sehnsüchte jedes Menschen. Sie sind oft tief
verborgen, und oft wissen wir – Männer wie Frauen – nicht,
wonach der Mensch neben uns sich sehnt, wonach er oder sie sucht. Weil
aber du um uns weißt, rufen wir zu dir: Du Gott, der uns sucht, höre unser
Gebet.

Wir bitten dich, dass wir Augen bekommen für alle in unserer Gesellschaft
an den Rand Gedrängten: Wir wollen sie in ihrer Not sehen und verstehen
lernen.
Du Gott, der uns sucht:

– *Stille* –

Alle: Höre unser Gebet.

Wir bitten dich, hilf uns, dass wir bereit werden in unserem Alltag die
Schranken und Vorurteile fremden Kulturen und Sitten gegenüber aufzuheben.
Du Gott, der uns sucht:

So viele Menschen haben einen unendlichen Durst nach Leben und sind
dabei suchtgefährdet.
Schenke ihnen jenen Geschmack am Leben zurück, der ihre Sehnsucht wirklich stillt.
Du Gott, der uns sucht:

Schau auf die Einsamkeit und Verzweiflung jener Menschen, deren Beziehungen zu anderen gescheitert sind, all der entfremdeten, einsamen, ge-

trennt oder geschieden Lebenden und all der allein erziehenden Frauen und
Männer in unserem Land.
Du Gott, der uns sucht:

Gib uns in unserer(n) Gemeinde(n) den Mut, mit unserem Leben von dir
Zeugnis zu geben und auf vielfältige, erfinderische Weise unseren Glauben
miteinander zu teilen.
Du Gott, der uns sucht:

Zeige jedem und jeder von uns ganz persönlich, was Umkehr in unserem
eigenen Leben bedeutet: wo wir alles für dich stehen und liegen lassen sollten, wenn deine Gegenwart unser Herz ergreift.
Du Gott, der uns sucht:

Hilf …

Denn du hast die Frau am Jakobsbrunnen bis in ihr Innerstes erkannt und sie
mit ihrer Geschichte ganz angenommen. Du hast ihr einen Weg gezeigt, der
ihre Sehnsucht nach Leben für alle Zukunft stillt. So nimm nun auch uns an
die Hand und stille unsere Sehnsucht: Denn du selbst bist das wahre Leben
und schenkst es uns. Amen.

Frauen in der Nachfolge Jesu (Lk 8,1-3)
– Nachfolge –

„Sie alle unterstützten Jesus und die Jünger mit dem, was sie besaßen."
Frauen gehörten zum Kreis der Jünger, sie begleiteten und unterstützten
Jesus mit ihrem Vermögen, und bezeugten so ihren Glauben und ihre Dank-
barkeit. Sie dienten Jesus (diakonein), und so folgten sie ihm nach, ohne
dazu – wie die Männer – extra von Jesus aufgefordert worden zu sein.

Jesus, Frauen wie Männer rufst du in deinen Dienst, berufst du zur Nachfolge in deiner Kirche. Wir bitten dich: Hilf uns, dir zu folgen.

Hilf allen Getauften, dir und den Menschen zu dienen, um Salz der Erde zu
werden und lebendige Glieder der Kirche zu sein.

– Stille –

Alle: Hilf uns, dir zu folgen.

Steh dem Papst, allen Bischöfen, Priestern und Diakonen und allen Ge-
meinde- und Pastoralreferentinnen und Pastoralreferenten bei, ihre Berufung zum kirchlichen Dienst zu leben.

Berufe Christen in die vielfältigen Berufszweige unserer Gesellschaft und hilf
ihnen, dir dort nachzufolgen und die Realität deiner Liebe zu bezeugen.

Gib den Christen in unserer Regierung den Geist der Wahrheit, damit sie
mutig und einfallsreich ihren Glauben in die Tat umsetzen.

Schenke den Verstorbenen, die dich in diesem Leben geliebt haben und dir
nachgefolgt sind, die ewige Gemeinschaft mit dir.

Gib ...

Jesus, wir danken dir für die vielen Frauen und Männer, die deine Kirche im
Laufe der Zeit durch die Nachfolge geprägt haben. In ihren Fußspuren wollen auch wir dir folgen und bitten dich dazu um deinen Beistand. Amen.

Das Gleichnis vom Sauerteig (Mt 13, 31-35 bzw. V 33)
– Gottes Größe –

Was nichts kostet, ist auch nichts – so sagen und denken viele Leute. Unsere Gesellschaft will beeindruckt werden von Attraktionen, Schlagzeilen, Events. Gott aber sieht es anders: Zukunft hat, was verborgen und klein beginnt!

Unser Vater im Himmel, du bereitest uns eine Zukunft in unscheinbaren Anfängen, durch das Schwache und Kleine hindurch, das von vielen Menschen verachtet wird. Nichts ist dir zu gering, um uns darin deine Gegenwart zu schenken. Höre unser Gebet: Erbarme dich, o Gott.

Gib uns Augen, die für das Reich Gottes mitten in unserem Alltag aufmerksam werden und dich im Unscheinbaren wahrnehmen.

– Stille –

Alle: Erbarme dich, o Gott.

Gib uns Hände, dass jede und jeder von uns im Leben die Gaben, Aufgaben und Möglichkeiten des Glaubens erkennt und ergreift.

Gib uns einen Mund, der von dir Zeugnis gibt und dem Kleinen und Schwachen zu seinem Recht verhilft.

Gib uns Ohren, die hören, wie du die Einzelnen berufen willst zum Dienst in Gesellschaft und Kirche.

Gib uns in der Gemeinde ein Gespür füreinander, dass wir das Wachsen deines Reiches in unserer Mitte erkennen und uns einander im Glauben ermutigen.

Gib allen Sterbenden das vertrauende Herz, das sich dir überlässt und die Gnade der Vollendung erfährt.

Gib …

Vater aller Anfänge und aller Vollendung, unser Tun und Denken legen wir in deine Hände: Bei dir soll alles seinen Anfang nehmen und durch dich vollendet werden. Durch Christus unseren Herrn. Amen.

Das Gleichnis von den klugen und den törichten Jungfrauen (Mt 25, 1-13)
– Wachsamkeit –

„Seid also wachsam! Denn ihr wisst weder den Tag noch die Stunde!" Die Gleichnisse von Christi Wiederkunft in Mt scheinen heute nicht mehr viele zu bewegen beziehungsweise bei nur noch wenigen zum aktiven Glaubensgut zu gehören. Wozu und wofür soll man denn noch wachsam sein in dieser Welt?

Jesus Christus, du bist der, auf den die ganze Schöpfung gewartet hat. Du hast uns gesagt, dass du sicher wiederkommen wirst. Deine Wiederkunft wird aber auch viele überraschen, weil sie nicht mit dir rechnen. Bei uns soll es jedoch anders sein. Mit den Jungfrauen des Evangeliums rufen wir: Jesus, nimm uns an die Hand!

Mache aus den Gliedern dieser Gemeinde Wächterinnen und Wächter des Glaubens, die an deine Wiederkunft glauben und sie voll Freude erwarten, auch wenn andere schlafen.

– Stille –

Alle: Jesus, nimm uns an die Hand!

Schenke allen Christen und Christinnen das Bewusstsein, dass du uns durch deine Wiederkunft vollenden willst.

Hilf deiner ganzen Kirche, allen Menschen guten Willens zu dienen, an deine frohe Botschaft zu erinnern und stellvertretend für andere zu glauben.

Gib den Verantwortlichen in Politik und Wirtschaft das Verantwortungsbewusstsein für einen vorausschauenden und lebenserhaltenden Umgang mit Mensch und Schöpfung.

Lass uns immer wachsamer für uns selbst, unsere Ziele und unseren persönlichen Weg werden, damit wir schon jetzt in innerer Einheit und im Frieden mit dir und mit uns selber leben können.

Schenke allen Leidenden, Kranken und Sterbenden die Freude einer Braut, die von ihrem Bräutigam abgeholt wird und vollende sie bei dir.

Mache …

Jesus, du bist die Sehnsucht aller, die an dich glauben. Du erwartest uns in den Menschen, Situationen und Gelegenheiten eines jeden Tages. Hilf uns, uns auf dich in all der Unberechenbarkeit einzulassen, die deine Gegenwart unter uns mit sich bringt und führe uns einmal zur ewigen Hochzeit mit dir. Amen.

Die Heilung der blutflüssigen Frau (Mk 5, 25-34)
– Berührung –

„Sie dachte: Wenn ich auch nur seine Kleider berühre, werde ich geheilt werden." Gebrandmarkt und gesellschaftlich durch eine zwölfjährige Krankheit weit gehend isoliert, begegnet hier eine Frau, die ihr Frausein selbst als eine Last, als eine Verletzung, als eine offene Wunde erlebt, dem Heil. Sie *„fließt aus"*, und das heißt: sie hat sich verausgabt, ihre Substanz geopfert und ist über viele Jahre ärmer, leerer, einsamer geworden. Ihre ganze Hoffnung, ihr ganzes Vertrauen legt sie in den Wunsch, Jesus zu berühren – sie, die als die *„Unreine"* niemanden berühren und von niemandem berührt werden darf.

Jesus Christus, du möchtest uns nicht mit Religion belehren, sondern unsere ganze Existenz berühren, heilen und zum Glauben führen. Voll Vertrauen wenden wir uns an dich: Rühre uns an, Herr.

Deine Ausstrahlung hat Menschen dazu gebracht, dich zu berühren und deine Kraft zu erfahren:
Schenke unserer Gemeinde den lebendigen, liebenden Glauben und gib uns die Vollmacht, seine heilende Kraft zu erleben und weiterzugeben.

– Stille –

Alle: Rühre uns an, Herr.

Du hast die blutflüssige Frau trotz ihrer gesellschaftlichen und religiösen Ächtung nicht abgewiesen:
Hilf uns zum rechten Umgang mit all jenen Menschen, die sich an der kirchlichen Sexualmoral stören und anders leben.

Frauen mussten ihres Frauseins wegen nicht befürchten, von dir verurteilt oder abgelehnt zu werden:
Nimm dich aller Frauen an, die in ihrer Sexualität durch eingeredete Schuld- und Schamgefühle, durch Missbrauch oder gar durch Vergewaltigung verletzt sind.

Durch den Glauben sind wir deine Töchter (und Söhne):
Stärke das Selbstwertgefühl so vieler Frauen (und Männer), die ihre Kraft
viele Jahre und von anderen unbemerkt in Haushaltsführung, Kindererziehung und in die Unterstützung ihrer Partner eingesetzt haben.

Jesus, du schenkst Frieden und enttäuschst kein Vertrauen:
Wenn wir mit unseren Möglichkeiten am Ende sind, hilf uns, wo immer wir
es nötig haben, dich zu berühren, und uns von dir berühren zu lassen.

Jesus ...

Herr des Lebens, du lässt dich berühren von Menschen, die dich suchen, die
um ihre Not wissen und darunter leiden. Lass uns nicht irre werden an den
vielen Tabus, die in unserer Gesellschaft und auch in der Kirche uns hindern
an der lebendigen Begegnung mit dir. Denn du bist Mensch geworden, hast
gelebt und unser Fleisch angenommen und bist auferstanden. Dir vertrauen
wir uns jetzt ganz an. Amen.

Die Heilung der gekrümmten Frau (Lk 13, 10-17)
– Aufrichtigkeit –

„Sie war verkrümmt und konnte sich überhaupt nicht aufrichten.“ Wer einmal nicht gerade stehen konnte in seinem Leben – physisch oder psychisch
– weiß: der Wahrnehmungshorizont ist eingeschränkt, die eigene Kraft
behindert und man ist an sich selbst gebunden. Jesus heilt die Frau, ihr
Blick kann wieder nach „oben“ schauen und sie aufrecht durchs Leben
gehen. Ganz im Gegensatz zu denen, die das Gesetz, die Moral, die Pflicht,
welche die religiösen Führer über alles stellen und die die Heilung am Sab-
bat kritisieren: Ihre Haltung entlarvt Jesus demgegenüber geradezu als
Unaufrichtigkeit (V. 15).

Jesus, wir können bei dir lernen, was Barmherzigkeit heißt. Wo wir selbst
oder unsere Um- und Mitwelt verkrümmt ist, bitten wir dich: Du Menschenfreund, richte uns wieder auf.

Für alle Menschen, die in politischer Unterdrückung leben:
Wo Aufrichtigkeit nur unter Lebensgefahr bewahrt werden kann.

– *Stille* –

Alle: Du Menschenfreund, richte uns wieder auf.

Für alle missachteten, an den Rand der Gesellschaft gedrängten Menschen:
Wo Mutlosigkeit und der Ekel vor sich selbst sich breit machen wollen.

Für alle Kinder dieser Welt, die unter unmenschlichen Bedingungen und zu
früh arbeiten müssen:
Wenn Lebensfreude und Geborgenheit mit Füßen getreten werden.

Für alle, die andere durch schwere Zeiten hindurchtragen müssen:
Wenn Krankheit, Arbeitslosigkeit, Alter und Sorgen drücken.

Für alle Männer und Frauen im kirchlichen Dienst:
Wenn die eigene Arbeit fruchtlos und die Menschen in den Gemeinden
gleichgültig zu bleiben scheinen.

129

Für die gleichwertige Behandlung aller Frauen und Männer:
In beruflichen, persönlichen und gesellschaftlichen Anliegen.

Für uns selbst:
Wo wir schwer an unserem Leben tragen und viel mit uns herumschleppen.

Für …

Jesus, gib uns Rückgrat und Mut, damit wir vor dir, vor uns selbst und vor den Menschen aufrecht leben können. Denn du bist ja auferstanden und lebst jetzt allezeit mit uns. Amen.

Die Salbung in Betanien (Mk 14, 3-9)
– Güte –

„Wahrlich ich sage euch: Wo immer auf der ganzen Welt die Heilsbotschaft verkündet wird, da wird auch zu ihrem Gedächtnis erzählt werden, was sie getan hat." Ein kleines Vermögen verschwendet die Frau an Jesus, und sie tut darüber hinaus zweierlei, was ihrer damaligen gesellschaftlichen Stellung nicht erlaubt war: Sie nimmt Jesu Totensalbung vorweg, und sie riskiert eine politische Interpretation ihres Tuns (Salbung geschah nur durch Männer und nur an Priestern, Propheten, Königen!). Das über die pure Absicht, den rationellen Zweck hinausgehende Lichtvolle („Luxus"), Überflüssige ihres Tuns, zeugt von einer Güte, die einer tiefen Liebe und Selbst-Gelöstheit entspringt.

Gütiger Gott, alles hast du uns geschenkt – wie sollten wir dir nicht alles zurückschenken?
Mit dankbarem Herzen bitten wir dich: Bleib bei uns, gütiger Gott.

Wir danken dir, dass der Glaube an dich – wie der Duft von Salböl – Großzügigkeit und Offenheit, Sinnenfreudigkeit und Wesentlichkeit, Freiheit und eine neue Atmosphäre verströmt.

– *Stille* –

Alle: Bleib bei uns, gütiger Gott.

Wir danken dir, dass du uns durch dein Sterben von uns selbst befreist und uns hineinnimmst in die Freiheit der Gotteskindschaft.

Wir danken dir für alle aus unserer Gemeinde, die sich in den verschiedenen Gruppen und Kreisen für andere ehrenamtlich einsetzen.

Wir danken dir, dass wir die Möglichkeit haben, ärmeren Ländern unter die Arme zu greifen und dort wichtige Projekte zu unterstützen.

Wir danken dir für das hierzulande vielfältige Beratungsnetz von Seelsorge, Selbsthilfegruppen und Therapieangeboten, das die Not und Suche von Menschen nach persönlicher Begleitung auffangen hilft.

Wir danken dir für all die Menschen, die sich zu Hause Zeit für ihre pflegebedürftigen Angehörigen nehmen, ihnen Trost und Aufmerksamkeit schenken.

Wir danken dir für die Mitarbeiter und die Mitarbeiterinnen in den Krankenhäusern, Seniorenheimen und Sterbehospizen, die helfen, dass Menschen auf ihrem leidvollen Weg für einige Momente ausruhen können.

Wir danken …

Gott, das scheinbar Überflüssige des Lebens, das oft nicht effektiv und erfolgversprechend erscheint, macht unser Leben gerade schön, tröstlich, barmherzig. Hilf uns, auch angesichts von Ohnmacht, Desinteresse, Rohheit und Zerstörungswut in unserer Umgebung den Mut aufzubringen, das, wozu wir selbst fähig sind und was uns an Möglichkeiten gegeben ist, mit Großherzigkeit und Güte zu verwenden. Durch Christus, unseren Herrn. Amen.

Maria und Elisabet (Lk 1, 39-56)
– Gott loben –

„Meine Seele preist die Größe des Herrn" erscheint bei Maria nicht nur als einer ihrer bekanntesten Sätze, sondern vielmehr als eine Grundhaltung Gott lobender Dankbarkeit, die sie ihren Weg durch alle Lebenslagen annehmen, bewältigen und verstehen lässt.

Gott, an der Hand von Maria, die sich immer wieder auf einen Weg durch Ungesichertsein und Dunkelheit machen musste, bitten wir dich: Bewege uns, dass wir dich loben.

Maria hat den langen Weg zu ihrer Verwandten Elisabet nicht gescheut:
Wir bitten dich heute um den Geist des Trostes und des Zuspruches auch für unsere Familien und Verwandten.

– Stille –

Alle: Bewege uns, dass wir dich loben.

Maria hat das schier Menschenunmögliche geglaubt:
Hilf auch uns, von dir Großes zu erwarten und dem zu trauen, was wir als Sehnsucht unseres Lebens erspüren.

Maria und Elisabet haben sich aller Situationswidrigkeiten zum Trotz voll Freude und Liebe ihren Kindern zugewandt:
Steh allen Frauen bei, deren Schwangerschaft nicht geplant ist, dass sie das neue Leben bejahen und auch in ihrer Umgebung Unterstützung finden können.

Maria hat zugelassen, dass du ihre Lebenspläne durchkreuztest:
Löse uns von der Ängstlichkeit um uns selber und mache uns zu einer missionarischen Gemeinde, die in der Freude über dich ihren Weg auf andere zugeht.

Durch Maria hast du etwas unerhört Neues in die Welt gebracht:
Hilf allen jungen Menschen, ihre persönliche Berufung zu finden und sich mit ihrem Leben in deinen Dienst zu stellen.

Maria …

Wir danken dir, großer Gott, dass du uns Menschen liebst und dir mit jedem etwas besonderes erdacht hast. Wir wollen dir heute darauf antworten, dich loben und dir danken. Amen.

Maria und Marta (Lk 10, 38-42)
– Aus der Mitte leben –

„Doch weniges ist notwendig, nur eines. " Die Auslegungsgeschichte dieser Perikope hat tendenziell die beiden Frauen Maria und Marta gegeneinander ausgespielt: Maria als die Kontemplative, Marta als die Überaktive – als ein sich gegenüberstehendes Entweder – Oder. Aber ist das wirklich so? Kann man die beiden Gaben, die Talente, die Maria und Marta verkörpern, gegeneinander ausspielen: Die Fähigkeit, zuzuhören, ganz da zu sein und achtsam; und andererseits die Fähigkeit, selbstbewusst, praktisch und klar zu handeln? Auf einen ganz anderen Akzent scheint Jesus zu verweisen: Es ist die Fähigkeit, im jeweiligen Augenblick zu erspüren was jetzt notwendig ist und eben dies zu tun, sei es aktiver oder passiver Art. Und das kann nur jemand, der aus einer inneren Mitte lebt.

Gott wir danken dir, dass wir in dir eine Mitte haben, die unserem Leben Halt und Orientierung gibt. Höre unser Gebet, wenn wir zu dir rufen: Führe uns durch deinen Geist.

Wir bitten dich für alle Frauen, die heute den Spagat zwischen Kindererziehung, Haushalt, Beruf, Partnerschaft und eigenen Bedürfnissen zu bewältigen haben:
Schenke ihnen in ihrem Alltag immer wieder Mut zur Muße und zum Ausruhen.

– Stille –

Alle: Führe uns durch deinen Geist.

Wir bitten dich für alle Menschen, die sich in Familie und Beruf verausgabt und dadurch das Gespür für sich selbst verloren haben:
Hilf ihnen, zu ihren inneren Quellen zurückzufinden und neuen Geschmack am Leben zu bekommen.

Wir bitten dich für alle Menschen, die durch Arbeitslosigkeit auch ein Stück ihrer Identität in Frage gestellt sehen:
Hilf ihnen, in dir ihre Mitte und den Mut für neue Pläne zu finden.

Wir bitten für alle kranken Menschen in Krankenhäusern, Seniorenheimen und Hospizen:
Gib ihnen Menschen an die Seite, die zuhören können und die sie liebevoll begleiten.

Wir bitten dich für deine ganze Kirche:
Schenke uns, dass sie ein Ort ist, wo Menschen dir begegnen und dich und sich finden, wo sie dein Wort verstehen und dich und sich erkennen.

Wir bitten dich für uns selbst:
Hüte uns vor blinder Überaktivität ebenso wie vor unkritischer Ergebenheit und hilf uns, dass wir lernen, in unserem Leben dem Augenblick gemäß zu handeln.

Wir bitten dich für ...

Liebender Gott, Maria und Marta haben uns auch heute Wichtiges zu sagen. Oft sind wir auf der Suche nach dem richtigen Gleichgewicht zwischen Arbeit und Ruhe, Aktivität und Passivität. Hilf uns, in jedem Augenblick das zu erspüren, was uns und dem anderen wirklich Not tut. Amen.

Maria von Magdala (Joh 20,1-18)
– Zum Leben befreit –

„Maria" – diesen Namen kann so nur Jesus selbst aussprechen. Maria aus Magdala erkennt die liebevolle Stimme ihres Meisters wieder, als sie ihn im Grab nicht findet. Sie erkennt sie wieder, weil sie ihn liebt und sich von ihm nicht trennen kann, auch nicht nach seinem Tod. Einst von Jesus von sieben Dämonen (und das bedeutet wohl aus schwerer persönlicher Not) befreit, befreit Jesus sie nun ein zweites Mal und vor allen anderen zum Glauben an seine Auferstehung. Diese Befreiung ist umfassend für ihr ganzes Leben, und als erste Zeugin der Auferstehung begründet sie den Glauben der Kirche.

Großer Gott und Vater unseres Herrn Jesus Christus, wir danken dir für das Zeugnis der Maria aus Magdala. Sie hat als Erste die Osterbotschaft weitergegeben, so dass wir glauben und zu dir beten, bitten und bekennen können: Du bist das Leben, das kein Ende kennt. Schenke das Leben, das kein Ende kennt.

Für alle, die psychisch oder physisch in tiefer Dunkelheit und Trauer, in Not und Schmerz gefangen sind.

– Stille –

Alle: Schenke das Leben, das kein Ende kennt.

Für alle, die den Glauben an dich verloren haben.

Für alle, die sich danach sehnen, deine Stimme zu hören und deine Nähe zu spüren.

Für die christlichen Kirchen in der ganzen Welt.

Für ein erlöstes und befreites Miteinander in unserer Gemeinde.

Für die Menschen, die wir vermissen, weil sie uns vorausgegangen sind.

Für uns selbst auf dem Weg der Nachfolge Jesu.

Für …

137

Vater, die Auferstehung deines Sohnes befreit uns zum Leben. Sie umfängt uns ganz mit Leib, Sinn, Geist, Herz, Seele und Verstand. Auch wenn wir oft nicht verstehen, so hilf uns, uns dir wie Maria aus Magdala zu überlassen und schon in diesem Leben die Auferstehung Jesu am eigenen Leibe zu erfahren. Durch Christus, unseren Herrn. Amen.

Zeuginnen der Auferstehung (Mt 28, 1-8)
– Glaubenszeugnis –

„Da gingen sie eilig weg vom Grabe, voll Furcht und großer Freude, und liefen, um es seinen Jüngern zu verkündigen." Die Frauen ließen sich ohne großes Nachdenken in den Dienst für die Botschaft Jesu nehmen und folgten ihm nach, und das trotz furchterregender äußerer Umstände (Erdbeben, Engelerscheinung, tot scheinende Wächter ...). Diese Unerschrockenheit lädt gerade heute zum Nachahmen ein!

Jesus, du hast deine ersten Jünger und Jüngerinnen mit deinem Geist begnadet, damit sie die frohe Botschaft deines Lebens mitten unter uns weitergeben. Wir bitten dich: Mache aus uns Botinnen deiner Liebe.

Du bist auferstanden und lebst unter uns:
Schenke uns allen, Frauen und Männern, Laien und Priestern, die Liebe zu dir und die Kraft aus dir, um deine Botschaft zu verkündigen.

– Stille –

Alle: Mache aus uns Botinnen deiner Liebe.

Du bist Herr über Erde und Himmel, über Mächte und Gewalten:
Steh den zahlreichen Hilfsorganisationen bei, die sich bemühen, in den Kriegsgebieten der Erde gegen Hass, Not und Unrecht anzugehen.

Du lässt deine Kirche nicht im Stich:
Hilf dem Papst und den Bischöfen (unserem Bischof NN.) die Zeichen unserer Zeit jeweils zu erkennen und sie im Licht des Evangeliums nach deinem Willen zu deuten.

Du hast uns als Zeuginnen und Zeugen ausgesandt:
Hilf uns allen in der Gemeinde, furchtlos und mit Zivilcourage unsere Freude am Glauben und die Hoffnung, die uns trägt mit Herz, Mund und Händen zu bekennen.

Du hast uns die Angst genommen:
Gib denen, die Wege des Friedens suchen, Menschen, die mit ihnen gehen und sich nicht abfinden mit den Friedlosigkeiten dieser Welt.

Du willst, dass wir einander beistehen:
Sei bei den Menschen, die uns besonders nahe stehen, bewahre ihnen deine Nähe und schütze sie vor allen äußeren und inneren Gefahren.

Jesus Christus, dein Leben macht uns lebendig. Diese Hoffnung erfüllt uns auch jetzt wieder. Wir wollen aus der Kraft deines Wortes (und Leibes und Blutes) leben und von dir Zeugnis geben, jetzt und allezeit. Amen.

Anhang

Stichwortregister

Liste der behandelten biblischen Texte

Herausgeberin

Claudia Seeger

geb. 1969, verheiratet, ein Sohn, 1989-1994 Studium Kath. Theologie und Englisch in Bonn. Diplomarbeit zum Thema „Tanz in der Liturgie". 1995-1998 Pastoralassistentin im Bistum Aachen mit Schwerpunkt in der liturgischen Bildung. Seit 1998 Assistentin des Generalpräses der Katholischen Frauengemeinschaft Deutschlands, kfd, und Leiterin von Kreisen für meditativen Tanz. Seit 2001 in dreijähriger Erziehungszeit.

Autorinnen

Inge Broy

geb. 1969, Diplom-Theologin, verheiratet. 1996-2000 Wissenschaftliche Mitarbeit in einem Forschungsprojekt zum jüdisch-christlichen Dialog an der Universität Bonn. Eigene Forschungsarbeiten zu Simone Weil. Mitglied von AGENDA – Forum katholischer Theologinnen e.V. Seit einigen Jahren Kommunikationstrainerin und Beraterin für Einzelne und Gruppen. Zuletzt in der Ehe- und Familienpastoral im Bistum Trier tätig.

Anja Künzel

geb. 1963, verheiratet, 1983-1991 Studium Kath. Theologie und Französisch in Bonn. 1992-1995 Projektstudie über den katholischen Kirchenbau nach dem zweiten Vatikanischen Konzil (Veröffentlichung 1996). Seit 1996 Pastoralassistentin mit dem Schwerpunkt Ehe- und Familienpastoral. Mitarbeit in der „Geistlichen Bibelschule Niederrhein"; Mitglied der Arbeitsgruppe „Kirchliche Architektur und Sakrale Kunst" der Liturgiekommission der Deutschen Bischofskonferenz.